a r s i n c o g n i t a

モデル構成から家族社会学へ

渡辺秀樹
Watanabe Hideki

慶應義塾大学三田哲学会叢書

家族へ

目次

I――はじめに　学生・大学院生・助手の時代

ひとりの研究者の研究の軌跡をたどるには、誕生まで遡ることも必要かも知れない。その人が生きた時代と環境とそのなかでの研究者を含むさまざまな人との出会いの変遷をたどるのもおもしろいだろう。私個人には、その研究史を語るほどの内容は無く、まことに貧しいものであるが、しかし、振り返ってみるとそこにも時代や環境が大きく息づき関わっていることがわかる。大学に入る前の前史的な期間はおくとして、大学に理系（東京大学理科二類）で入学したのが一九六八年だった。入学式が安田講堂で行なわれる最後の年となったが、講堂の外はすでに騒然としていた。

この一九六八年という時代が大きい。後に、“1968 ; The Year That Shaped A Generation.”というドキュメント番組（アメリカ）が作られたりした。六月頃から講義は無くなり（全学ストライキ）、読書・討論・バイト、麻雀そしてときどきデモと集会参加、という日々となった。川本三郎（「デモから見た町」、『雑踏の社会学――東京ひとり歩き』、TBSブリタニカ、一九八四年、一五八～一六二頁）はこんなふうに描く。

清水谷公園から新橋土橋のデモコースを歩くと官庁や一流企業が並ぶ溜池や虎ノ門、霞ヶ関界隈はなんと冷たくよそよそしく見えたことだろう。あの通りを行進するときはどんなに緊張しただろう。それが飲み屋やキャバレーが姿を見せ始める新橋のガード下あたりに来ると急に町が暖かく感じられてくる。霞ヶ関を通り抜けるときの緊張が新橋のガード下にくると一気に解放される（同、一六一～一六二頁）。

教室でも喫茶店でも、話題は大学や社会の問題、合間に映画や音楽、吉本隆明や高橋和己、そして仲間の近況や世間話が入り、いつの間にかまた学生運動の諸党派が基づく思想や戦術の論評に戻っていった。大学のキャンパスを少し歩けば、ビラ（〈アジビラ〉）をたくさん渡され議論の材料には事欠かなかった。誰かマスコミ関係者が学生のライフスタイルを称して、「左手に『朝日ジャーナル』、右手に『平凡パンチ』」と言ったが、『朝日ジャーナル』はよく読んだ。あまり考えずただ行動するだけというのは、「単純ゲバルト」と言って揶揄された。友人の消息は雀荘へいけば、だいたいわかった。

理系入学だけれど、時代の雰囲気のなか自ずと社会のことが関心の中心を占めるようになり、二年生から三年生への進学振り分けのときに文系への転向（文転）を希望し本郷の教育学部教育社会学専攻に半年遅れて進んだ。教育社会学を是非に希望したというより、駒場での点数が低かったため文転で進める学部や専攻が少なく再志望の進学だった。いまでは考えられないが、教育社会学専攻は当時、再志望者が集る吹きだまりのようなところであった（その同期進学の六〜七人――人数がはっきりしないのが当時の特徴――のうち四人が研究者になっているのも不思議と言えば不思議である）。生物学実験は助手共闘の最首悟氏が担当。彼は、魚の神経瘤が研究テーマと言っていた。ガマガエルの解剖（解体？）実験に付き合ってくれたが、キャンパスが騒々しくなるにしたがって、実験室から離れる学生が増えていく。かろうじて単位をもらったが、そのような科目がほとんどだった。私の同世代の社会学研究者には、理系出身が多い。時代を反映した文転といえるのではないだろうか。

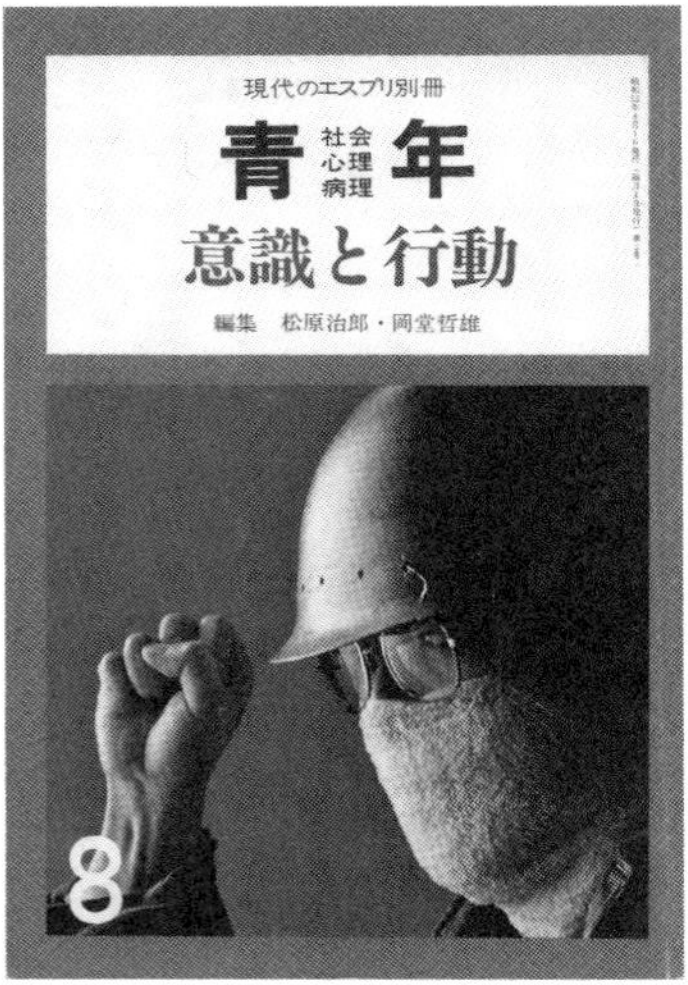

進学した教育社会学専攻の助教授（当時）が故松原治郎先生であり、ちょうどその頃、ＮＨＫブックスの『核家族時代』が、本屋に平済みになっていた。私は、教育社会学と家族社会学の重なる領域である〈社会化〉、とくに〈家族における社会化〉をテーマに松原先生に指導をあおぐことにした。指導教授については、駒場にいた折原皓先生にも相談したが、松原先生につくようにという懇切なアドバイスをいただいた。

当時、『断絶を越えて』という学生救援組織（東大闘争家族会）の機関誌があり、折原先生は各号で家族論や親子論のエッセイを執筆していて興味深く読んでいた。それをも初発の動機にして卒業論文に取り組んだ。タイトルは『しつけの社会的機能と文化』であり、基本的には文献研究である。松原先生には、大学院進学以降、編著への執筆や研究プロジェクトへの参加など多くの機会を与えていただくことになる。「青年における参加と離脱——青年の社会参加」（松原治郎・岡堂哲雄編『現代のエスプリ別冊—青年——意識と行動』、一九七七年、九八〜一一八頁）という論文を書いたが、これが最初期の例である。

『日本人と母』の著者である故 山村賢明先生が非常勤で出講されていた。受講学生は数人。訳書が出たばかりのパーソンズほかの『家族』（T. Parsons and R. F. Bales, in collaboration with J. Olds, M. Zelditch, Jr., and P. E. Slater, 1956, *Family; socialization and interaction process*, 橋爪貞雄ほか訳『核家族と子どもの社会化』上・下巻、黎明書房、一九七〇年）を講読した。そういう本を学部生が買って読んでいた時代である。ときに一対一の授業となり、対談風にあるいは座談風に多くを教えていただいた。『日本人と母』をはじめ、彼の書いたものはほとんどすべて読んだ。卒業論文への先生の影響は大きい。その後の教育社会学会でのさまざまな仕事、企画編集された本への執筆、立教の大学院への出講など、長い御厚誼をいただく原点である。目黒依子・渡辺秀樹編著『講座社会学2 家族』（東京大学出版会、一九九九年）をお送りした時には、「渡辺さんが講座社会学の家族の巻の編者となっていることに感慨深いものがあります」という返書を、あの小さく控えめな字でいただいた。山村先生の他界後にまとめられた門脇・北沢編『社会化の理論――山村賢明教育社会学論集』（世織書房、二〇〇八年）で山村先生の生い立ちが紹介されており、先生には誕生直後から母上がおられず、学生時代にも母上を捜しておられたとある。母なるもの（＝母という観念 conceptions）の探求という先生の研究テーマは、実は先生の生涯に深く関わるものだったことが思われ感慨はひとしおだった。

大学院になると、麻生誠・副田義也・宮島喬の諸先生が出講され毎年受講した。誰を非常勤講師にお願いするかは院生が希望できた。私は院生仲間と一緒に山村先生を希望し、院生在学中はずっと院ゼミを持っていただいた。言語社会学のバーンスティン（B. Bernstein）は山村ゼミや麻生ゼミで取り上げられた。階層と言語コードあるいは社会化との関連について強い関心を持つきっかけでもある。文学部社会学専攻の青井和夫先生は、文学部・教育学部共通というかたちで科目を持たれ、学部と大学院を含めて通算二〇単位以上をいただいている。珍しいところでは、永井道雄氏が文部大臣就任前に「近代化と教育」を講義されており、それを受講していた。しかし、私自身は学校や制度を扱う教育社会学ではなく、個人の社会化を中心にする〈発達社会学〉を目指そうとしていた。それは山村先生の目指すところでもあった。

1. 吉田民人と社会化概念

東京大学大学院教育学研究科博士課程に在学中の一九七五年、文学部社会学専攻には、吉田民人先生が京都大学から移ってこられた。四〇歳を過ぎたばかりでエネルギーに満ちあふれておられた。メモ一枚で一時間でも二時間でも「しゃべりまくった」(この表現が相応しい)。大学院社会学研究科で開講された吉田先生の院ゼミ初年度には、どの教員を指導教授にしているかを問わず、多くの院生が集った。私は、研究科は違ったがそのゼミに加えてもらった。ゼミの内容は、吉田先生の講義というより、院生が交替で自身の研究報告をするという形式であった。ときに吉田理論を取り上げて議論するという回もあった。議論が中心のゼミである。故梶田孝道一橋大学教授は、もっとも活発な発言者のひとりであった。

院生の報告に吉田先生がコメントをする。「講義ではない」が、コメントは講義以上の内容を含む濃密なものだった。院生は、仲間の報告を聞くとともに、吉田先生のコメントと、それに続く議論を楽しみにした。院生の報告は、たいていの場合、吉田理論によって再整理され分類される。そして吉田先生の枠組みのどこかに位置づけられる。「君の言っていることは、こういうことなのだ。それは、僕の枠組みだとここに入るもので、こういう議論がされている」。いわば、〈吉田薬店？〉の壮大な棚の薬箱のどこかに放り込まれるということでもあった。院生としては、自身の研究をどこかの薬箱に分類されて終わってしまうのでは面白くない。それに抗い挑戦するという試みでもあったように思う。その雰囲気の一端は、吉田先生と梶田氏との対談「社会問題群と社会学的パラダイム――業績主義社会の中の属性主義」（『経済評論 特集 80年代の方法論』、一九八〇年一月、四二～六五頁）に見ることができる。

梶田氏は、主著『現代社会学叢書 テクノクラシーと社会運動』（東京大学出版会、一九八八年）の「おわりに」で次のように記している。

大学院時代の高橋ゼミや吉田ゼミには、川喜田喬、橋爪大三郎、李時載、福岡安則、船橋晴俊、船橋恵子、今田高俊、中山慶子、渡辺秀樹、高田昭彦ほかのすぐれたメンバーが集まり、今日においても「団塊の世代」に属する研究者仲間として親しくおつきあいさせて頂いているが、彼らとの熱のこもった議論は、今日ではなつかしい思い出となっている（二九九頁）。

たとえば、私は、社会化を研究領域としていたが、吉田先生には「社会化・社会統制・自由発想・主体選択」という四つの概念によって構成される枠組みがある。この枠組みのなかに組み込まれ得ない社会化研究の豊かさがあるという趣旨の報告をしたこともある。議論の雰囲気は、まことに自由で、座談や雑談も魅力的であった。ある概念、たとえば、「社会化」という概念の不十分性や問題性が指摘されるとき、その概念を捨てるかあるいは狭義に限定的に定義した上で、その批判に応えるあらたな概念を提起する研究者と、批判された概念を広義に定義し直して、批判に対応するという研究者と、二通りあるという話をされた。「社会化・社会統制・自由発想・主体選択」を提起された吉田先生は前者で、社会化という概念の定義を再考した上で広義に定義し直し不十分さに応えようとした私は後者であったといえるだろう。おそらく、前者の方が多くの場合、わかりやすく革新的な方法であるだろう。私は概念を変えず、〈社会化〉にしろ、〈役割〉にしろ、それら概念を豊かにする方法を選んだが、戦略的には一定の有効性はあると思っている。研究者の資質・嗜好の問題でもあるだろう。

たとえば、あるとき喫茶店で、吉田先生は、「渡辺君、僕は同僚のTさんと違って社会化されていないんだよ。子どもの頃はしょっちゅう引っ越していたからね」と話された。社会化を、固定的なひとつのシステムの価値や行動パターンの習得と狭義に定義すれば、その通りだ。しかし、複数のシステム間のスムースな移動（マートンR. K. Mertonの「予期的社会化 anticipatory socialization」）を社会化に含めるとすれば、「吉田先生こそ、システム間移動の学習機会を豊かに経験された社会化された人間ですよ」と返したことがある。要するに定義の問題である。複数の多元的なシステム間の調整や移動が課題となる現代社会において、そこでの社会化の過程をどのような概念を用いて、それをどのように定義してアプローチするか、ということである。

吉田先生からは、概念をどのように定義するか、定義の大切さを学んだ。明確に定義された〈人工言語〉による論理展開という話もよくされていた。しかし、その後、先生は、意味の複合や錯綜性（〈間主観性〉）に注目し、時代（機能主義批判と他の諸理論の対抗的な出現や再評価）に乗って新たなそして鮮やかな展開（転身）をはじめる。吉田先生は、「渡辺君、いつまで社会化にこだわるんだ」ということを言いたかったのだろう。「役割論をやっている」というと、「なんで保守的なことをやっているんだ」と思った院生もいたはずである。ロング（D. Wrong）の〈過剰社会化 over-socialized conception of man in modern sociology〉という議論があり、ダーレンドルフ（R. Dahrendorf）の『ホモ・ソシオロジクス』が訳され（一九七二年）話題になっていた頃である。主体性が軽視あるいは剥奪されているという指摘だったから、役割と社会化というふたつの概念にとっても、如何に主体性の議論を取り込むかが課題となっていた。

確かに、私は要領が悪く華やかな転身には縁遠かったのであるが、吉田先生との会話は理論やアプローチの変化への対応の貴重な学習機会であったのは間違いない。家族社会学において、八〇年代になってライフサイクルアプローチからライフコースアプローチに重心が移って行く時などに、多少の腰の重さはあったが変化に対する準備(readiness)にはなった。

2. 学問を越境する小室直樹／小室直樹とシステム論

一九七六年の春、東京大学文学部の教室で小室直樹先生の自主ゼミが始まる。対象は、東京大学大学院社会学研究科の院生が中心であるが、他大学の院生や出版社の編集者も参加する開放的自主ゼミであった。以降、小室ゼミは、毎年開講された。小室先生が体調を崩したり扱う領域の拡大もあって、小室ゼミ受講者が代講するなどの方法をとって長く続いた（このあたりは、橋爪大三郎編著『小室直樹の世界』、ミネルヴァ書房、二〇一三年、などを参照されたい）。私は最初の二年間参加した。当時は、月曜日の午後一時から七時まで休憩はほとんどなく、基本的に小室先生の講義によって進められた。

当時の受講ノートが五冊ほど残っている。経済学が中心で、マクロ／ミクロともに数学的な説明がなされた。教科書には、『解析概論』も用いられ、問題を院生が黒板で解くことが求められた。長時間の口角泡を飛ばすエネルギッシュな講義が特徴だった。会津なまりで「しゃべりまくった」と表現したほうがよいかもしれない。問題が解けないと翌年に同じ箇所でまた黒板で解くように指名されたことがある。記憶力は抜群だった。翌年も同じところに来ると同じ冗談を言われた。冗談や描かれた図とともに概念や命題の意味を理解するよう促された。図にしてみることの大切さを教えられた。たとえば、安定均衡と不安定均衡を簡潔な図を示して教えてもらった。講義が終わった時には、教わる方もいつも疲労困憊だったが達成感と解放感を味わうことができた。

論理的な思考が鍛えられ、論理的な思考の楽しさを学んだ。小室先生は、もともと数学や物理学という理系の研究領域にいたが、そこからまず経済学に移り、そしてアメリカ留学。日本に戻って行動科学化の時代の政治学さらにはシステム論の時代の社会学に移行、越境してこられた。彼は、当時の社会システム論（あるいは一般システム理論）をリードする研究者として注目度は抜群であった。同世代の富永健一先生・吉田民人先生・小室直樹先生が中心となって当時の社会学におけるシステム論の発展が図られた。日本における構造機能分析のシステム論的展開ということもできる（富永健一・小室直樹、「社会学との対話――現代社会分析における方法の共通性」、『経済評論――経済学と隣接科学の接点』、一九七〇年五月、が当時の雰囲気を伝えている)。公文俊平氏なども加わる「システム論研究会」も盛んで、そこでは、吉田先生や小室先生はさらにいっそうしゃべりまくった。吉田先生のくせで、ときどきズボンのベルトを引き上げる仕草をされたが、それは、〈さー、しゃべりまくるぞ〉という合図であった。

中学時代の幾何の時間、図形の問題を解く時には「補助線を引け」というのが教員の口癖だった。それまで茫洋としていた図形に補助線を引くと、パッと解が見えてくるということがある。補助線を見出すことの楽しさがあった。吉田先生や小室先生に「システム論的に社会に接近することや社会に補助線を引くことの醍醐味」を十分に教わったように思う。この時期は、いわば理論漬けの日々であった。

当時、小室先生が倒れられて病院に入院するということがあった。その頃の先生は独身で一人暮らしだったこともあり、小室ゼミ仲間と石神井にある先生のアパートの掃除や病院の付き添いを交替でしたのが懐かしい思い出である。私は文学部社会学の助手になっていた頃だから、一九八〇年前後のことである。その後、小室先生は、一般向きの著書を多く出版されて論壇で活躍することになったのは周知の通りである。私にとっては、論理の小室先生というイメージが強い。つまり、論壇に出る前の小室ゼミの前期段階の影響が強い。ゼミ開始から二年目の夏休みに入る前、ゼミ参加者による編纂書刊行の企画が持ち上がった。その章構成が、小室ゼミ前期を象徴している。

手元に残っている小室ゼミ受講ノートには、その構成案が書かれてある。初期の案であり、小室先生の提案であったのだろう、英語でのタイトルや章構成となっているが、これに限らず板書される専門用語はすべて英語だった。ここでは日本語に訳して示す。執筆予定者の名前をイニシャルにすると以下のごとくである。本の題名が、『経済システムと社会システム――現代経済学の社会学的基礎』。各章は、「経済理論の社会学的基礎」(D・H)/「厚生経済学と社会指標」(B・A)/「経済計画と社会学的計画」(S・W)/「資本主義」(Y・K、およびA・Tで二章分)/「構造機能分析と一般均衡論――行為仮説と分析枠組」(H・W＝渡辺)などであった。私自身は原稿を書き上げた(手書き原稿はそのまま残っている)が、紆余曲折して、結局は刊行に至らなかった。幻の書である。

3. 助手時代――研究のネットワークのスタート地点

一九七八年に東京大学文学部社会学専攻の助手になった。大学院社会学研究科出身以外の助手は、私がはじめてではないだろうか（後にもいないかもしれない）。助手は五年間続いた。先輩の同僚助手は舩橋晴俊氏と今田高俊氏（ふたりとも、元々は理系）で、最初の一年でお二人とも他大学に就職していった。あとの四年間は友枝敏雄氏が同僚の助手となった。長い助手生活はたいへんではあるが、しかし、大きな意味をもたらすものでもある。さまざまな研究の出会いや機会があった。

家族社会学・小集団論の青井和夫先生には、学部と大学院を通じて受講してきたが、国際児童年記念の国際比較調査『日本の子どもと母親』（総理府青少年対策本部＝当時、一九八一年）の研究チームに加えていただいた。全国サンプルで実施する国際比較調査の家族領域における嚆矢を飾るものであり、佐藤欣子氏や福島章氏など他領域の研究者との議論は貴重な機会であった。青井先生の主宰する調査では、助手のときの埼玉農村調査があり同行した。また、学部生のときの親子関係調査では、世田谷の三軒茶屋や太子堂近辺が調査担当地点となり、十数軒ほどの家庭を訪問して質問紙調査をした。当時の調査対象者のなかには、玄関ではなく居間まで通してくれてお茶とお菓子を出してくれる家庭もあった。青井先生は、「家族社会学をやりたいなら、訪問面接調査を多く経験しておくこと」とよく言っていた。

富永健一先生と直井優先生が、コーン（M. Kohn）とスクーラー（C. Schooler）とで、企画実施した「職業と人間 調査」は、スタート時点では助手の今田高俊さんと一緒に参加した。社会調査の進め方を、調査票の作成から、各自治体での選挙人名簿からの対象者の抽出、調査の実施、コーディングからデータの作成そして分析まで、とくに直井先生の近くでつぶさに学んだ。直井先生の調査への非常に丁寧な取り組みは〈鬼気迫る〉という表現が相応しいと思えるほどだった。助手や院生に任せたり指示したりしてよいと思うものまで、すべてご自分でされた。調査研究プロセスのどの段階でも手抜きなどということは皆無だった。

調査員となる学生へのガイダンスのために直井先生が作成した冊子は、この種の冊子の最高傑作と言ってよいだろう。山田昌弘氏や佐藤嘉倫氏などが学部生の調査実習として訪問面接調査が実施された。私は彼らが調査から帰ってきたときに、調査票をチェックし回収するという役割だった。

このプロジェクトの途中から、故 平田周一氏（労働政策研究・研修機構）が加わったが、彼の勤勉さもひときわ目立つものだった。よく東大の大型計算機センターに通った。当時はバッチ処理で大きなケースにデータカードを入れて運んだ。平田氏と一緒に日本社会学会大会で二回報告している。私は、コーンたちが開発し各国で調査された質問項目である〈parental value〉と階層との関係（"Class and Conformity"）をテーマに報告した。

スクーラー氏とは、互いの自宅を訪問するなど楽しい交遊も続いた。ワシントンDCのご自宅には、NIH時代の彼の先輩同僚であり共同研究者であるコーディル（W. Caudill：母親行動の日米比較研究で著名）夫妻の遺品などがあり、感慨深かった。日本版調査票作成の際の back translation（英語版の質問票から日本語版の質問票への翻訳を、再度、英訳すること。それを最初の英語版と付き合わせて、日本語版の質問票の適切さをチェックし修正を繰り返す）は、ミエ夫人が担ってくれていたのである。埼玉県や九十九里方面の自治体にサンプリングに行ったことも懐かしい。この調査は吉川徹氏を中心として追跡・継続調査がなされている（吉川徹編著『階層化する社会意識』、勁草書房、二〇〇七年）。対象者の台帳保存など、しっかりとした調査がなされていてはじめて可能になったということができる。

当時の社会学専攻の主任教授である高橋徹（あきら）先生とは、助手としては当然ながらもっとも濃密な関わりがあった。先生が主宰する「現代社会研究会」（略称現社研）は長く続いたが、報告の機会を得ると同時に、学内外の多くの研究者の刺激的な報告を聞くことができ、また研究上のネットワークができていった。環境問題の綿貫礼子氏や慶應義塾大学の山岸健先生のご報告も、この研究会ではじめて聴いた。

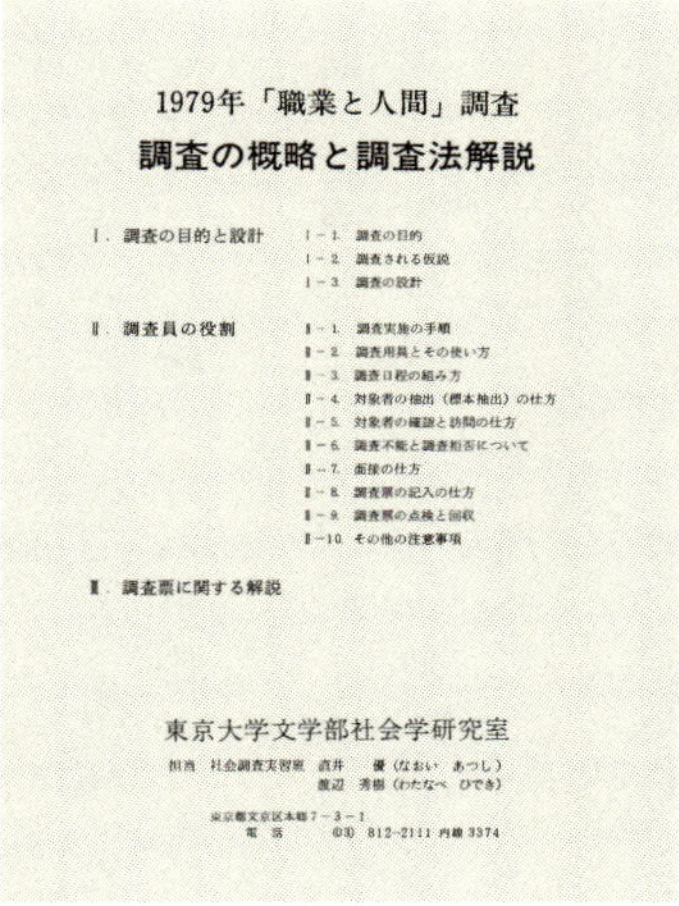
1979年「職業と人間」調査

調査の概略と調査法解説

Ⅰ．調査の目的と設計
Ⅰ－1．調査の目的
Ⅰ－2．調査される仮説
Ⅰ－3．調査の設計

Ⅱ．調査員の役割
Ⅱ－1．調査実施の手順
Ⅱ－2．調査用具とその使い方
Ⅱ－3．調査日程の組み方
Ⅱ－4．対象者の抽出（標本抽出）の仕方
Ⅱ－5．対象者の確認と訪問の仕方
Ⅱ－6．調査不能と調査拒否について
Ⅱ－7．面接の仕方
Ⅱ－8．調査票の記入の仕方
Ⅱ－9．調査票の点検と回収
Ⅱ－10．その他の注意事項

Ⅲ．調査票に関する解説

東京大学文学部社会学研究室
担当　社会調査実習室　直井　優（なおい　あつし）
渡辺　秀樹（わたなべ　ひでき）
東京都文京区本郷7－3－1
電　話　(03) 812-2111 内線 3374

また、高橋先生は、社会学の諸先輩に個別にインタビューをするということを企画され、同僚助手の友枝さんと一緒に記録係として同席した。場所は本郷の通りから少し奥まった旅館の畳部屋。小山隆・喜多野清一・中野卓・青井和夫・北川隆吉・古城利明ほかの諸先輩のお話をたいへん興味深くお聞きした。小山・喜多野両先生だけは、ご一緒のインタビューだった。毎回、テープ起こしもしたが残念なことに所在不明である。「生まれ変わったら、また社会学者になりますか？」という質問を高橋先生がされた。中野先生は、「自分のやっていることが社会学なら、また社会学をやる」と応えられ、青井先生は、「坊さんになるかなー」と応じられた。青井先生には過酷な戦争体験があった。

高橋先生はとにかく人と会うのが好きだった。その頃、『日本のシンクタンク』（同名の報告書が刊行されている。東京大学出版会、一九八三年）というプロジェクトを立ち上げ、政策に関わる議員やシンクタンク研究者とも多く会われていたが、そういうときも常に一緒だった。なかでは、日本総合研究所の塩田長英氏との出会いは格別であり、総合研究開発機構（ＮＩＲＡ）プロジェクトの「アメリカ家族の構造と変容」への参加につながった。ここでもずいぶんとネットワークが広がった。

一九八二年秋に、アメリカに旅行して多くの家族研究者や家族カウンセラー、離婚仲介弁護士（divorce mediator）などに会えたのも、このプロジェクトによるものであった。マサチューセッツ工科大学（ＭＩＴ）では、ケニス・ケニストンに会った。彼は『ヤング・ラディカルズ』など青年の対抗文化論で著名で、アメリカでは当時、彼の本を読んで社会学を志した学生も多いと聞いたが、日本でも同様の影響力をもつ社会学者であった。インタビューの主旨は、彼が関わったカーネギー財団のプロジェクト（*All Our Children*）に関する質問が主だったが、対抗文化論の話も出来て嬉しかった。

このインタビューの旅は、アメリカ家族の変容と多様性がテーマであったが、ウィスコンシンで会った若きサラ・マクレナハンの主張は明解だった。「アメリカの家族の多様性は選択の上での多様性もあるが、貧困などの構造的な問題に基づく多様性こそ重要であり、そこに焦点をあてた研究と社会的対応が不可欠である」ということである。家族の多様性を選択肢の増大として楽観的に語ってくれた研究者／関係者もいたが、マクレナハンはそれに厳しく釘を刺したのである。その後、ひとり親家族の研究領域を中心に、彼女の諸論文の参照は必須になっていった。いまは、アメリカ家族社会学の重鎮であるが、タバコをくわえコーラのカップを持ちジーンズの足を組んで話してくれた彼女の印象は強く残っている。

他方で、ボストンの離婚仲介弁護士（divorce mediator）との話も印象深い。「離婚仲介というのは、日本の調停離婚のように、弁護士が間に入るもので、これまでの離婚裁判とは違う。時間はより早く、費用はより安く、精神的負担もより軽く、簡単に離婚できる方法である」という彼の言葉に、「あなた方の職業が、アメリカの家族の崩壊を加速しているのではないか」と問い返すと、「離婚が避けられないなら、離婚のために長い時間を費やしたり、高いお金を使ったり、精神的に深いダメージを被るのではなく、より多くの資源を持って新しい生活のスタートを切る方が、結局は、アメリカの家族を維持することになる」と応えたのである。どちらもアメリカの家族が多様化し変化する現状把握として、重要なポイントであるだろう。

なんと言っても助手時代の最高の宝物は、当時の若き研究者である同僚助手や大学院生あるいは学部生との付き合いとそれ以来続く友人関係、ネットワークの形成である。年齢で言えば、私と同い年から一〇歳くらい若い人たちまでである。当時は、私の自宅でパーソンズの原書講読（T. Parsons, with R. F. Bales, E. A. Shils, 1953, *Working Papers in the Theory of Action*）や家族社会学の文献講読の研究会を大学院の人たちと継続的におこなっていた。終了後には毎回食事会があった。食事会には多くの人たちがやってきてくれた。佐藤健二氏や長谷川公一氏など料理の得意な院生には、お勝手を明け渡した。この少し若い友人たちとの会話が刺激的で、多くを教えてもらった。

これより少し後には、現在ハーバード大学のメアリー・ブリントン（M. Brinton）さんや、現在カリフォルニア・バークレイ校のジョン・リー（J. Lie）氏が何度か自宅に来てくれている。一時期、我が家は、ジョン・リー氏の東京での定宿という感じもあった。日米の社会学の情報交換の機会となった。研究者生活のネットワークのひとつの原点である。

大学院時代に戻るが本籍の教育社会学大学院でも、院生たちで自主ゼミを熱心にやった。パーソンズやミード（G. H. Mead）を読んだり、社会化論の先行研究を読んだり、役割論を読んだりした。こちらもいつも熱い議論だった。貧血でパーソンズの原書（T. Parsons with Shils, Tolman, Stouffer and Kluckhohn etal., 1951, *Toward a General Theory of Action*）を持って倒れたことがあり、岩木秀夫氏（現日本女子大教授）が気付けのワインを買って来てくれたりした。主任教授の清水義弘先生は、「社会化」を研究テーマとすることを好ましく思われなかった。パーソンズ理論のキーワードであったこと、「〈文化とパーソナリティ〉の研究領域がすでにある」などが理由であった。修士論文（『家族における社会化の一考察――発達的アプローチによる分析枠組構築の試み』一九七四年一月提出）については、「君の修論は、モデル作りだよ」という批判をいただいた。

確かに実証研究というより、モデル構築だった。まずは、よりよいモデルを作ろうと思った。社会科学におけるモデルとは何か、ということを考える契機ともなり、竹内啓『社会科学における数と量』（東京大学出版会、一九七一年、増補新装版は二〇一三年）など関連論文を読んだ。小室ゼミでは、小室先生が「理論モデルは論理整合性と現実妥当性、そして単純であることとエレガントであることが重要」と繰り返し言って、モデル作りを慫慂していた。

なかには、心理学の印東太郎先生の「心理学におけるモデル構成の論理」（大森荘蔵・沢田允茂・山本信編『科学の基礎』、東京大学出版会、一九六九年、二二〇〜二四七頁）

などがあり、〈モデル構成〉が盛んに論じられていた頃でもある。どこまで理解できたか自信は無いが、沢田允茂先生（たとえば、「『主体性』の概念の混乱と哲学理論」、『思想』、四八五号、一九六四年など）とともに、慶應義塾に来る前から好きな研究者だった。沢田先生には、一九九〇年三月の慶應義塾大学文学部懇親会で、新任者としてはじめて挨拶をすることができた。「僕はもうそういうことはやっていないんですよ」とにこやかに話された。先生のサイン入りの『言語と論理』（講談社学術文庫、一九八九年）が書棚にある。

4. 第二次社会化における師弟関係・準拠集団

学部生から大学院生の時期にかけて、京都大学の作田啓一教授や東大駒場の見田宗介氏は、もっとも注目される社会学者たちであり、論文や著書のほとんどは読んでいて、院生仲間ともよく話題にした。しかし、個人的な指導をいただくということはなかった。見田宗介「価値空間と行動決定」（『思想』、五七八号、一九七二年）は論理展開を全面に打ち出していて好きな論文だった。

作田啓一は、第二次社会化における師弟関係の重要性について述べている（「思想の言葉」、『思想』、一九八〇年九月、八〇〜八一頁）。少し長いが引用しよう。

私がここで師弟関係と呼んでいるものは、師弟関係として制度化されているものだけにとどまらない。またそれは両者のあいだの年齢差がほとんどないものも含む。主体が尊敬し、同一化しようとするモデルがあって、そのモデルが主体を多少とも導く態度を示せば、そこに師弟関係が成立すると私は考える。特異な例のほうが私の意図を伝えやすいので一例を挙げると、『悪霊』の中のスタヴローギンとキリーロフ、スタヴローギンとシャートフは、それぞれ師弟関係を構成している。このような師弟関係は社会化にとって重要な意味をもっているにもかかわらず、社会学や心理学において、どういうわけか無視され続けてきた。家族の中での第一次社会化に注意が集中しすぎたためであろうか。いずれにしても近代社会においては第二次社会化はきわめて重要であるから、師弟関係にもっと関心が向けられてよさそうに思う（八〇頁）。

そして作田は、「夏目漱石の『こゝろ』は師弟関係を正面から扱った珍しい作品である」として、先生と友人Kとの関係を、彼女（下宿のお嬢さん）をめぐって判断を仰ぐモデルとしての関係とライヴァルとしての関係というアンビヴァレンスな状況として説明したのち、「明治期の近代化の流れの中で、血縁や地縁という「自然」のきずなは、もはや主体にとってモデルを提供することができなくなった。先生にとって、それは「自然」らしさを装う策略と見え、「私」にとっては空虚な血のかよわない関係となってしまった。「人は各自パーソナルなモデルを求めなければならなくなる。しかしこのモデルは容易にライヴァルと化するモデルなのである」と述べている（八一頁）。

社会学で第一次社会化と第二次社会化を説明するとき、前者は、乳幼児期を中心に基本的な価値や行動パターンを習得する過程であり、家族がその主要な場であるということ、後者は、青年期以降、職場などで、より特定の価値や技術などを習得する過程と説明されてきたが、作田のような視点は希薄だったし、現在でもそういえるだろう。作田の指摘は三〇年以上前であるが、私自身、社会化を研究テーマとしながら、第二次社会化における関係構造に注目したり焦点をおくことはなかった。作田の提起はたいへん重要であり、現在でも正面から取り上げるべき問題と考える。

作田は、単一の師弟関係におけるアンビヴァレンスを語っている。第一次社会化と第二次社会化の社会化システムの違いを明示しておおいに刺激的である。しかし、師弟関係は単一ではない。師弟関係は継起的にそして複合的にかつ多層的に、相互に関わりながら生起するものでもある。流動性の高い現代社会では「生涯、一師匠」というほうが、むしろ珍しいといえるのではないだろうか。関係内アンビヴァレンスとともに関係間アンビヴァレンスが問題となる。

マートンの準拠集団論（森ほか訳『社会理論と社会構造』、一九六一年、みすず書房所収）でいえば、準拠集団（referent group）／準拠人（referent person）のライフコース上での移動（変更）問題と複合問題である。自己の行動が準拠する価値や基準が変化し、さらには準拠する複数の価値が矛盾する事態は頻繁に起こると考えてよいだろう。

先述した吉田先生とのやりとりにも関わるが、第一次社会化は固定的なシステムのなかでの基本的価値の習得、第二次社会化は複数のシステム間の移動や相互調整とい

マートン教授とともに。自宅にて。(1983年8月23日)

う能力の習得、そして異なる多様な価値の比較考量や調整のなかから、自分独自の価値と行動パターンを創りだし、それを時代や環境のなかで、さらに状況や人間関係の変化に応じて修正し転身(変身)を図っていく過程ということにもなるのだろう。近代化以降、この第二次社会化の過程がより重要性を増すことは、作田の指摘する通りである。

私自身の準拠集団としては、もっとも基底的な価値レベルでは、駒場の教養課程の学生時代に一緒に議論した仲間がいる(語学クラス=43SII/III10Bが中心)。その上で、先述したさまざまな師弟関係(交わった多くの院生も師に含まれる)があり、準拠集団がある。

学部から大学院を通して指導教授になっていただいた松原治郎教授は、四九歳で脳腫瘍が発見されて後、壮絶な凄まじい闘病の末、五三歳で他界された。先生の早過ぎる他界は、「糸の切れた凧」という感じを私にもたらした。風を受けて自由に泳いでいるつもりではいたが、それは松原先生のサポートがあってのことだった。先生の指導を核として、院生時代の理論社会学を中心とする自主ゼミの仲間、そして教育社会学と家族社会学の同僚や先輩との多様なネットワークのなかで、研究者としての軌跡を描いてきたことになる。

果たして独創的なモデルを構築することができただろうか。以下に、私が作り上げたモデルあるいは概念枠組のいくつかを簡単に記す。モデルを作成する上での主要な準拠枠は、マートンの中範囲の理論である。たとえば、彼の〈役割集合の理論〉や〈個人の適応様式の諸類型 a typology of modes of individual adaptation〉などが基層にある。〈巨人の肩に乗って遠くを見る "On the Shoulders of Giants"〉（＝先行研究をしっかり踏まえて）という言い方があるが、以下に述べるようにマートンがそのひとつの〈大きな肩〉であることに間違いは無い。

II——役割関係から社会化過程へ＝モデル構成　その一

文学部社会学専攻の助手時代は、先述のように、多くのプロジェクトに関わったが、私自身の研究としては、修士論文から引き続き、役割モデルや社会化モデルの構築に向かった。「個人・役割・社会——役割概念の統合をめざして」（『思想』、六八六号、一九八一年、九八～一二一頁）は、そのひとつの成果である。〈役割期待〉・〈役割観念〉・〈役割行動〉という三者間の役割連関についての論理的展開で類型の図式を提示したものである。三者の連関がうまくいっている〈相補性〉とそれがうまくいっていない〈反抗〉・〈実行不能〉・〈抑圧〉・〈崩壊〉という計五つの類型を提示した。

この論文については、かなり反響があった。当時のグループダイナミックス研究の代表ともいえる三隅二不二氏から雑誌の発行直後にいきなり電話が来て驚いたこともある。もちろん批判もあった。権力構造的視点が弱いとか歴史性が希薄だとか、類型は推移律成立を前提としているが現実は推移律が成立せず矛盾に満ちている、といったような批判である。モデルとしては、引き受けるべき批判だろうと思っている。マ

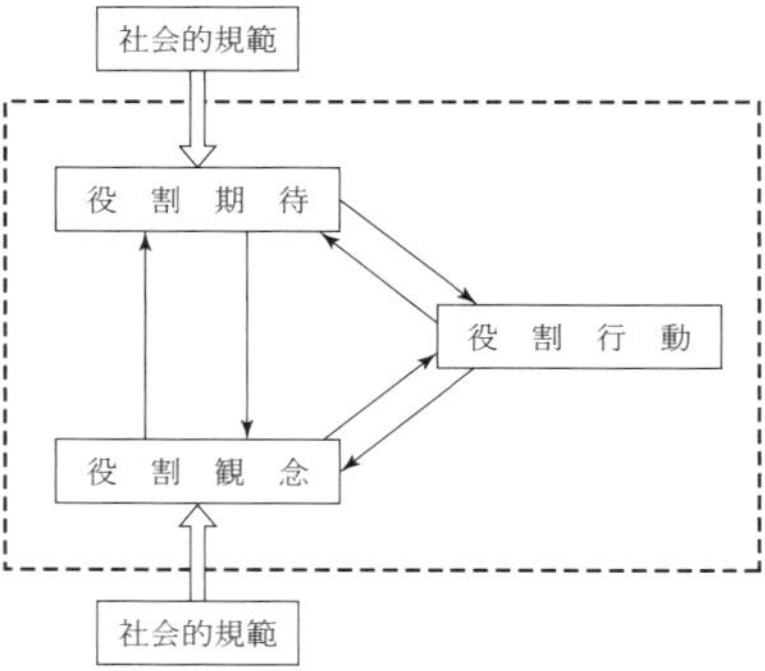

図　役割の3者間連関モデル

ートンの逸脱行動の諸類型（個人的適用様式の類型論）も同様の論理的なモデルであり、歴史性や権力関係、あるいは関係自体の矛盾の考察が、構築したモデルに基づくことで、社会学的問題をより鮮明に浮かび上がらせるものかどうかがモデル評価の指標になるということであろう。なお、包括的な類型的方法については、鶴見和子の博士論文（1970, *Social Change and the Individual; Japan before and after Defeat in World War II*, Princeton Univ. Press）があり、これに対する森岡清美の言及がある（「ライフコースの視点」、『岩波講座現代社会学9 ライフコースの社会学』、一九九六年、八頁）。また、この博士論文の序の一部が再録されている『コレクション鶴見和子曼荼羅 III 知の巻』（藤原書店、一九九八年）の「あとがき」で、彼女自身がこの仕事を振り返っている（五八四頁）。

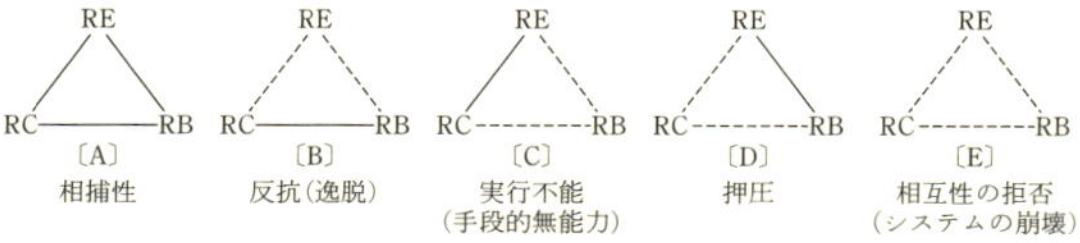

図　役割連関の諸類型

家族社会学の分野からは、一九八三年の〈家族社会学セミナー〉で役割論の家族研究への適用について報告するようにという連絡を目黒依子先生からいただいて、セミナーでのはじめての報告機会となった。この報告をまとめたものが、「役割分析の基本的枠組——役割研究の体系化のために」（『電気通信大学学報——人文社会』、三五（二）、一九八四年、一一一〜一二五頁）である。自分なりに重視している論文であるが雑誌の性格もあり、それほど注目されたとは言えない。『思想』掲載の論文の方は、森岡清美・望月嵩編、『新しい家族社会学』（初版は培風館、一九八三年）で、「家族の役割構造」の章の参考文献に挙げられた。この教科書は版を重ねたが、改版のたびに森岡先生から電話をいただき、「『思想』の論文を所収した単著を刊行しましたか」と問われた。「いいえ、まだです」とお応えするしかなかったが、「早く出すように」といつも励ましをいただいた。それにも拘わらず実現しなかったのは猛省すべきことである。

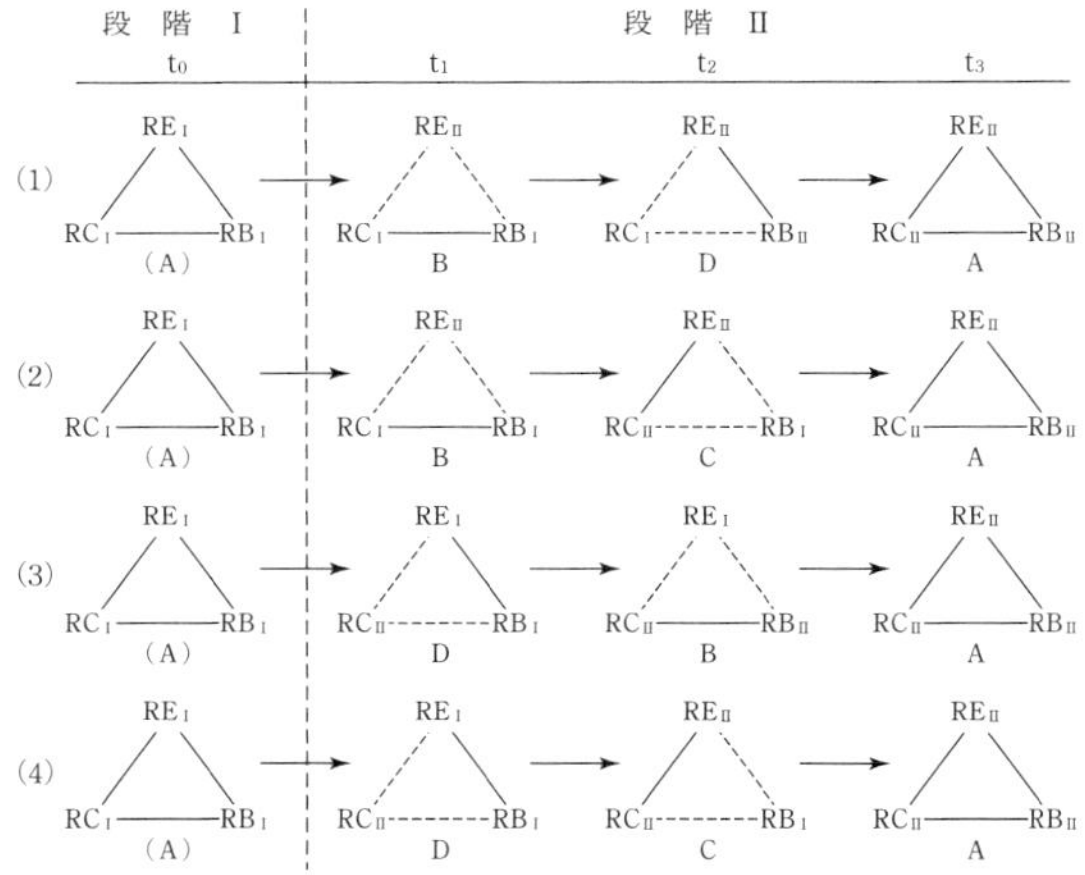

図　役割連関の移行パターン

社会学理論の分野では、三隅一人氏が、〈モリス―渡辺図式〉として取り上げている。私が、*BJS*（*British Journal of Sociology*, 1971, 22; 395-409）のモリス論文（"Reflections on Role Theory"）に依拠しながらモデルを提示しているので、彼はそう呼ぶ。*BJS*は、マートンが役割集合の問題（"The Role Set; problems in sociological theory" 1957, vol.8, no. 2, 106-120.）を載せた雑誌でもあり愛着があった。関連論文をバックナンバーで探していてたまたま出会ったのは幸運だった。

三隅の関連文献は、「役割期待の相

補性とバランス」（三隅一人編著『社会学の古典理論――数理で蘇る巨匠たち』、勁草書房、二〇〇四年、一二七～一四八頁）。および、K. Misumi, 2007, *A Formal Theory of Roles*, Hana-Shoin である。より洗練されたフォーマライゼーションを提示するというのが、彼の試みである。私自身は、わかりやすさ（単純でエレガント！）という点で私のモデルのままでも意義があると思っているがどうだろうか。

この役割関係の諸類型のモデルに時間次元を加えると、役割関係の移行過程の四パターンが論理的に析出される。発達段階ごとの課題、つまり発達課題（developmental task）の変化として時間次元を導入すれば社会化過程の四パターン――二つの適応的社会化と二つの自己社会化ということになる。

Ⅲ——役割集合から役割の複雑性、そして養育構造の複雑性へ＝モデル構成　その二

役割関係の諸類型のほかにも、いくつかのモデルを提示している。

家族における社会化環境の諸類型も私にとって重要なモデルである。モデル構成に至る順番としてはマートンの〈役割集合の理論〉、それを踏まえたコーザーの〈役割の複雑性と個人の自律性〉の議論、そしてそれらを踏まえて私が提示した〈家庭の養育構造の諸類型〉となる。マートンの役割集合の理論では、個人がシステムに参加したときにメンバーと取り結ぶ役割関係の全体を役割集合と呼び、個人はそれぞれの役割関係から異なる期待に直面すると考える。異なる期待に直面する個人は、しかし常に葛藤（role conflict）に陥ることは無く、多くの場合、葛藤を回避したり解決したりしており、それを可能にするメカニズムが社会に用意されているからだ、としてそのメカニズムを列挙するのである。

先に述べたように、役割集合の議論は*BJS*に掲載され、そしてマートンの単著に

所収されている（R. K. Merton, 1957=1968, *Social Theory and Social Structure*, Free Press. 一九五七年版の翻訳は、『社会理論と社会構造』、みすず書房、一九六一年、三三四～三四九頁。この書の拡大版（enlarged edition）が一九六八年版であるが、そこでは社会学理論としての中範囲理論の意義を展開する第一部でこの*BJS*の論文が参照されている。役割集合の理論は中範囲理論の典型ということである）。以下、具体的な内容をごく簡単に示そう。

マートンが言う葛藤の回避あるいは解決のメカニズムとは、以下の六つである。第一に、役割関係を結ぶ他者の間でパワーが違う。つまり自己のニーズ充足を左右する力が異なるとき、この違いを手がかりにして、自己は異なる期待に応える優先度を判断しうる。第二に、自己の行為に対する関心が他者間で異なる。自己は関心の強さの度合いを手がかりに、期待を調整することが可能である。関心の強い人の期待により多く応えようとするだろう。第三に、期待が異なっていても、それが第三者に常に見えるわけではない。子どもと祖母とのやりとりを、母親が常に見ているわけではない。第三者（この例では母親）の期待とは異なる行為であっても、見えていなければ、とりあえずは葛藤に陥ることはない。コンパートメント化（観察可能性の制限）のなかで、人々は異なる期待を相互に調整することもできる。第四に、コンパートメント化とは逆に、問題を第三者化するという場合もある。異なる期待をもたらす他者同士に、期待を調整してくれるように持って行くのである。部長Aと課長Bの期待がことなることを開示して、部長と課長との間の交渉あるいは調整の問題にするということである。観察可能性の開示であり、問題を第三者化するということである。〈漁父の利〉を得る方法とも呼びうる。こうして個人は葛藤を回避したり、個人にとってより有利な解決を得ることに繋げうるのである。第五に、個人は、同じ地位を占めるもの同士の連帯やサポートを得るという場合も多い。主婦は、井戸端会議で情報を交換し、相談したりアドバイスを受けて、主婦としての立場をより有利にしていく。労働者は連帯して組合を作り、他者との交渉をより有利な方向に持っていこうとする。そうした相互支持や連帯の機会を見出すことも多いだろう。さらに第六に、ラディカルな方法となるが、葛藤の原因となるメンバーをシステムから排除するということもあるだろう。こうしたさまざまな社会的手がかりや社会的仕組みを得て個人は、日々の葛藤を回避したり解決したりしているとマートンは考え、これを〈役割集合の理論〉として提起したのである。

マートンの役割集合の理論を受けて、役割集合の複雑度と自律性との関係に注目したのが、コーザーである（Coser, R. L., "The Complexity of Roles as a Seedbed of Individual Autonomy", in Coser, L. A., (ed.), *The Idea of Social Structure – papers in honor of Robert K. Merton*, 1975, pp. 237-263）。他者の力関係や関心度の違いを考慮して的確な判断をすること、コンパートメント化のさまざまな組み合わせを知り複合的な役割関係の棲み分けの工夫をすること、問題を第三者化したり他者と連帯して自己に有利な解決を見出すこと、あるいはメンバーを排除してシステムを縮減させ変化させることなど人間関係の多様な仕組みを経験し、多くの意思決定機会に直面してそれらに習熟することが個人の自律性にとって重要であるとコーザーは議論している。そして異なる期待の背後にあるさまざまな価値に出会うことを含めて、そうした経験や習熟は、役割集合が複雑な場合に可能性が増し個人の自律性の獲得に繋がるということを提起した。すなわち、マートンの役割集合の理論を基礎に関連する諸々の先行研究を挙げながら議論を展開して、〈個人の自律性の苗床としての役割の複雑性〉という命題を提起したのである。

私は、このコーザーの命題を家族における子どもの社会化状況に導入することを試みた。核家族的な世帯構成で性別分業型家族の場合、家族における子どもにとっての役割集合は母親との関係のみという単純な役割構造となる。そこでは、子どものニーズ充足を左右するのは母親のみ、子どもに関心を持つのも母親のみ、コンパートメント化や漁父の利などの人間関係のさまざまな仕組みや機微を知る機会は乏しい。総じて人間関係能力の形成機会としては、あるいは自律性の獲得のための苗床としてはおおいに心配であるという問題を提起し、それを社会化状況の類型（＝理念型）として示した。それが次頁に示す図である（「家族の変容と社会化論再考」、『教育社会学研究』、四四巻、一九八九年、二八～四九頁、三三頁より）。

以下に再録する小論「家庭の養育環境の複雑性と単純性」は、この役割集合の複雑性とそれに基づいて構築した社会化状況の類型に沿って議論を展開したものである。後続する研究者からは、たとえば、育児ネットワーク論との関連で参照されることになった（松田茂樹『何が育児を支えるのか』、勁草書房、二〇〇八年）。

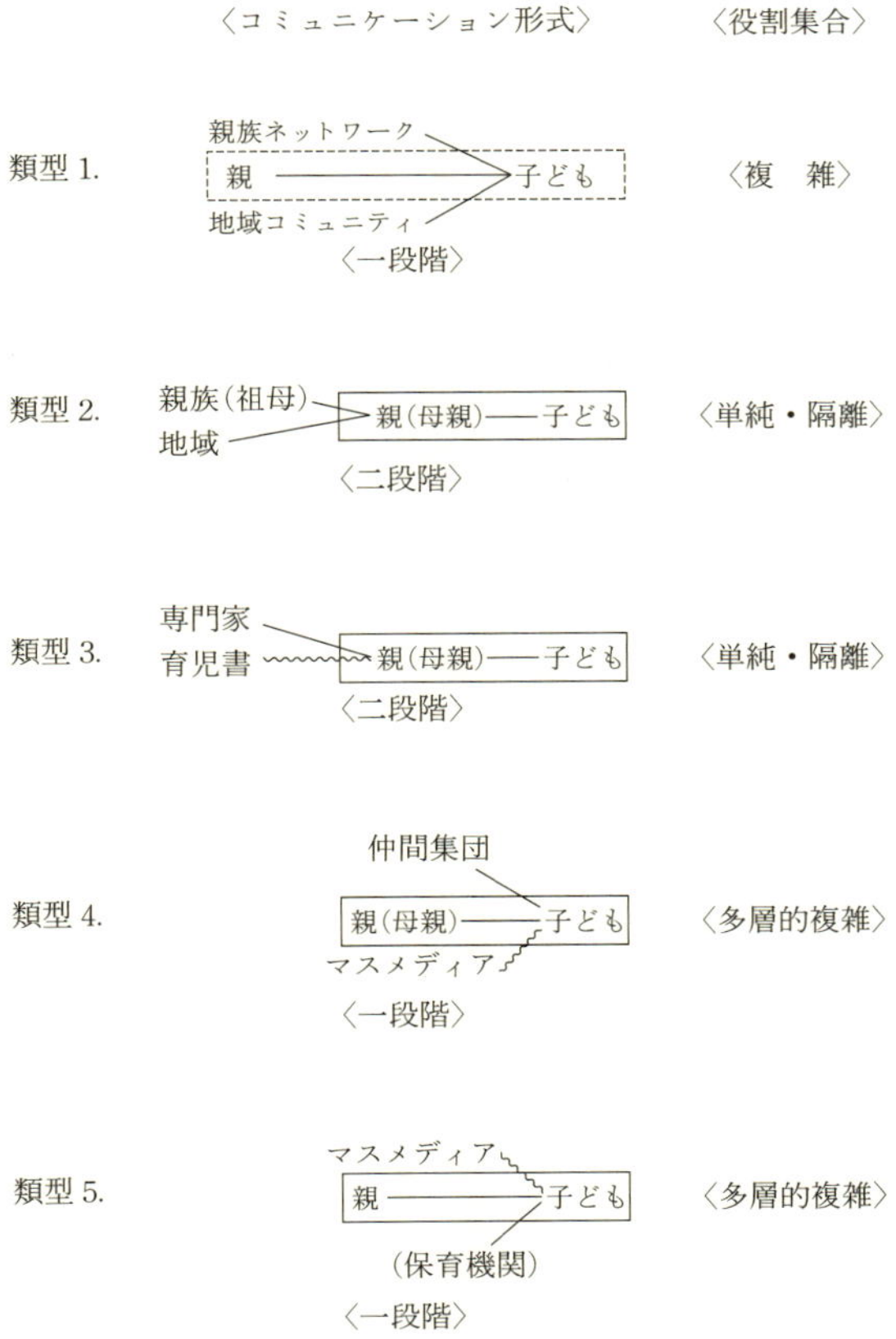

図　家族における子どもの社会化状況の諸類型

Ⅳ——家庭の養育環境の複雑性と単純性

1．はじめに

「子どもは親のすることはするが、親の言うことはしない」という言葉がある。親が深夜まで起きていて、子どもに早く寝るようにいってもなかなかうまくいかない。子どもも夜型の生活になることが多い。社会全体（大人）の生活が変化するなかで、子どもの生活も変化していく。

子どもの生活についての親の意図的なしつけとともに、社会あるいは家族の持つ特性が子どもの生活にもたらす影響は大きい。現在の社会のありかたや大人の生活のしかたなどは、いわば非意図的なしつけとして、子どもの生活、さらには人間形成に大きな影響をおよぼしている。

現代の、親と子どもの生活のしかたの特徴を関係的にみれば、生活時間の乖離と生活空間の乖離、と要約できるだろう。親子が行動をともにすることが少なくなったのだ。職住一致型の農業社会と職住分離型の産業社会という対比でみればわかりやすい。

親と子が、睡眠や食事や仕事、あるいは余暇までも同じ時間に、同じ空間のなかで、行動をともにした社会から、生活時間と生活空間の多くを共有することのない、そういう時代にわれわれは暮らしている。

その典型的なケースが単身赴任家庭であるが、住居をともにしていても、父親は職場で一日の大部分をすごし、子どもは学校や塾で多くの時間を費やす。母親はまたこれらとは異なる生活時間と生活空間を持っている、という現代の家族のありかたは、多くの人々にとって馴染み深いものであろう。

小論では、こうした親と子の生活のパターンのズレをはじめとする現代の家族の様相が、子どもの人間形成環境としてどのような意味を有するかを考えてみたい。現実の社会の変化から離れて子どものしつけ目標を意図的に設定しようとするのではなく、社会や家庭といったしつけの状況が子どものしつけにどのような効果をもたらしうるかを考察したい。

2. 養育役割の母親による独占

職住分離型で、性別分業型の現代核家族においては、子どもの養育役割（社会化担当者あるいはしつけの担い手と呼んでもよい）は、母親のみに集中することになる。子どもは一定年齢に達すれば幼稚園や保育園などに通うようになり、養育役割は外部機関・施設によっても分担されることになるが、そしてその時期はますます早期化の傾向にあるのだが、家庭内に限れば、養育担当者は母親のみであることに変わりはない。子どもが幼ければ、幼いほど、母親による養育役割の独占化傾向は強い。

このことを、国際比較調査の結果から確認しておこう。表1は、国際家族年（一九九四年）を記念して実施された『家庭教育に関する国際比較調査報告』（日本女子社会教育会、一九九五年）から引用した。調査の対象者は、〇歳から一二歳の子どもを持つ母親と父親であり、各国ほぼ千人（母親と父親は、どの国もだいたい半々）である。表1は、親が子どもと一緒に過ごす時間の各国別平均をあらわしている。

表1を見ると、母親と父親の差がもっとも大きいのが韓国であり、次に日本である。また、日本の父親が子どもと過ごす時間は、六か国の中でもっとも短い。子どもの年

表1　子どもと一緒に過ごす時間（平均）〔性別〕

	父親	母親	母親と父親の差
日　本	3.32時間	7.44時間	4.12時間
韓　国	3.62	8.40	4.78
タ　イ	6.00	8.06	2.06
アメリカ	4.88	7.57	2.69
イギリス	4.75	7.52	2.77
スウェーデン	3.64	6.49	2.85

齢を区切って結果を見ると表2のようになる。子どもが幼いときに、とくに日本の父親の子どもとの接触時間が短いことがわかる。表2から、子どもの年齢が〇～三歳の場合には、母親と父親の接触時間の差がもっとも大きくなるのが日本となっているのである。

子どもとの関係は接触時間の量的な多寡ではなく、その質や内容であることは確かであるが、しかし、こうした量的なデータも、養育環境を考える重要な手掛かりにはなるだろう。現代日本における子どもにとっての養育状況は、こうした国際比較の結果からも、

表2　子どもと一緒に過ごす時間（平均）

〔性別・子どもの年齢別、母親の就労の有無別〕（時間）

		日本	韓国	タイ	アメリカ	イギリス	スウェーデン
父親	0～3歳	3.80	4.12	7.17	5.35	6.45	4.20
	4～6歳	3.40	3.65	5.99	5.06	4.12	3.74
	7～9歳	3.02	3.50	5.08	4.45	3.58	3.43
	10～12歳	3.07	2.93	4.83	4.55	3.59	3.10
母親	0～3歳	11.61	11.66	10.45	9.96	11.40	9.02
	4～6歳	7.40	9.20	7.35	8.21	6.65	6.23
	7～9歳	5.53	5.87	5.85	5.90	4.98	4.92
	10～12歳	4.90	4.72	5.30	5.74	4.94	4.79
	有職の母親	5.46	5.94	7.15	6.68	6.80	5.92
	無職の母親	9.52	9.05	10.21	9.22	8.23	8.35

母親による養育役割の独占と表現することができるのだ。幼い子どもからは父親が〈見えない〉のである。もちろん、子どもが大きくなったからといって、父親が十分に見えてくるわけでもない。相変わらず見えないことが多いのであるが……。

最近は、父親の育児参加がいわれているが、それには、どのような意義があるのか、母親の育児負担の軽減のためか？ あるいは子どもの人間形成にとってどのような意味があるのか？ さらには父親自身の生活にはどのような意味があるのか？ こうしたことを、議論したうえで、父親の育児参加を進める必要があるように思う。育児参加のさまざまなメリット（とディメリット）を示せなければ、育児参加への動きを推進することは困難であろう。

ここでは、父親の育児参加を、母親の養育役割の独占を緩和する手立てとして議論してみたいのだが、まず、養育状況の変化と養育役割の独占という状況の、子どもにとっての意味を考えてみよう（小論では、「育児」と「養育」とを、ほぼ同じ意味として用いることにする）。

3. 養育状況の変化

家族における養育状況を類型化してみると次頁の図のようになる。農業社会（産業社会以前）においては、類型1のように、子どもの養育には親だけでなく、親族や地域の人たちの多くが関わった。子どもの養育ニーズ（たとえば身体的保護など）の提供者は複数存在していた。親と子どもを囲む核家族の壁はほとんどなく、プライバシーも重視されず、したがって破線で示してある。子どもにとっての保護と干渉の手（とまなざし）が、同時に家族の外からさしのべられていたという状況である。

類型2および類型3は、産業社会における養育状況の二つの類型である。親と子どもを囲む核家族の壁は明確になり（実線で示されている）、養育役割は母親に集中している。母親は、家族外部の養育についての情報や資源に基づいて、子どもの養育にあたるが、産業社会初期には、類型2のように親族や地域の伝統的な養育慣行に従い、産業社会成熟期には、育児書や専門家など、マスメディア情報を含めて専門的知識に従うようになる。これが類型3であるが、『おばあちゃんの知恵から専門書へ』という変化が、この二つの類型間の違いである。いずれにしても、家族とくに母親のみが、養育の第一次的な担当者になったことに変わりがない。

図のように、子どもの養育状況を類型化してみると養育役割の母親への集中・独占は、産業社会への移行とともに現出した一般的な趨勢であった、ということになる。子どもの養育ニーズは、ひたすら家族によって提供され、なかでも母親によって、子どもの基本的ニーズが提供されるようになったのである。家族外からの子育てへの干渉が弱まった（プライバシーの確保）と同時に保護の手が子どもに届くことも少なくなったのである。家族外の人間が直接に子どもの養育に関わらない状況である。

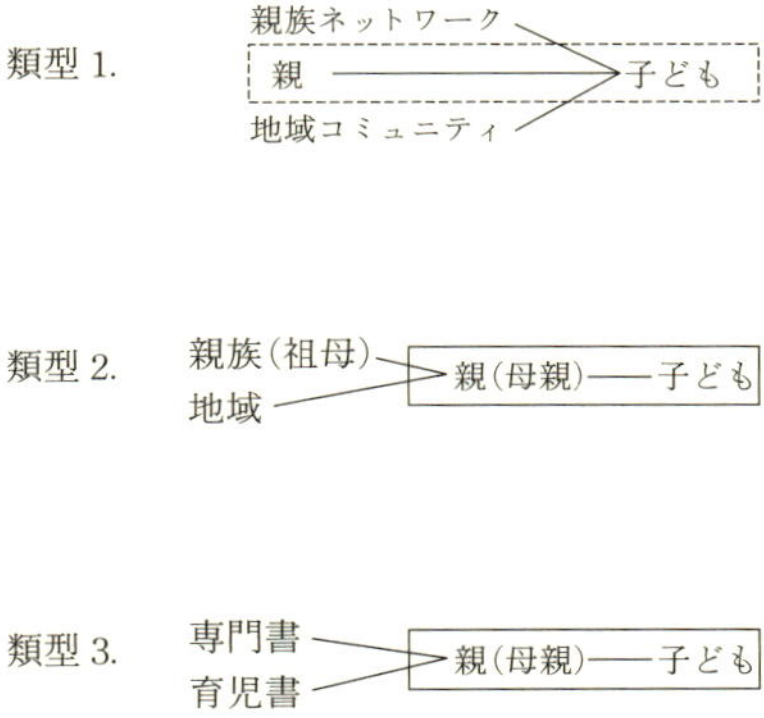

図　家族における子どもの養育状況の諸類型

家庭は複雑な養育環境から単純な養育環境に変化したのである。図は、あくまでも類型として、いわば極端な（特徴を先鋭化して）養育状況を示してみたものである。現実にはこれらの類型の有する特徴のミックスあるいは中間的な様相を呈しているとみてよいだろう。議論をわかりやすくするために類型化を試みたのである。この類型に基づいて次の議論に進もう。

4．養育役割の独占の意味

養育役割が母親によって独占されるとき、それは子どもの人間形成にどのような帰結をもたらすだろうか。独占の弊害はどのような形で起こりうるだろうか。

類型2や類型3、つまり子どものニーズが母親によってのみ提供されることの帰結はさまざまに考えられる。かつて（類型1）のように、養育方針が親族や地域によって撹乱されることは少なくなり、母親が一貫した養育をすることが可能となった。母親と子どもは、第三者に介入されずに安定した関係を取り結ぶことも可能となった。

しかし、他方で、子どものニーズが母親によってのみ提供されるということは、母親によるニーズの提供のしかたや、母親の子どもへの期待が相対化される仕組みが無いということを意味する。子どもにとって母親が絶対なのである。また、母親に問題

〈病気など〉が生じた時に養育役割を補完したり、代替したりする仕組みが無い、つまり危機に弱いということができる。

〈社会的オジの不在〉という表現がある。母親の養育を相対化したり、補完したりする人、実際の血縁関係（＝オジ）があるかどうかはともかく、子どもに身近な人間がいなくなった、ということである。母親に叱られたら、慰めてくれる人、母親が持つ価値観や期待とはことなる観点で子どもの行動を評価する人、母親以外に子どものニーズを充足してくれる人が、子どもの周囲から消えたのである。

親役割を担うのは母親ひとりのみという状態である。これとは逆に、類型1では、たとえば、文化人類学者のマーガレット・ミードが描いた『サモアの思春期』においては、子どもの母親と同世代の多くの女性たちが子どもにとっての親役割を果たしていた。複数の保護の手が子どもに用意されていたのである。これを文化人類学者は〈マルティプル・パレンティング〉（multiple parenting）と呼ぶ。母親の養育は相対化され、子どもは社会全体のなかで育てられたことが描かれている。子どもは、母親でなくとも、誰かがみていたのである。

類型2や類型3、あるいは現代の養育環境は、ミードの描いたサモアの養育環境とは違って、子どもをみるのは母親だけである。母親がいないとき誰かが見ているという社会的仕組みは無い。母親が誰かに頼むことになるが、簡単に頼める人が周囲にいることは、それほど多くはない。

5. 単純な養育環境の子どもへの効果

母親が養育役割を独占するということは、母親にとっては外部の干渉なく、子どもをコントロールすることが可能な状況にあるということである。あるいはコントロールしなければならない位置におかれているということを意味する。

他方、子どもにとっては、母親から逃れられない、ということである。子どものニーズを提供してくれるのが母親のみであれば、子どもはニーズの充足のために母親の期待に応えるしかないのである。母親の期待が、あるいは養育のしかたが適切であると不適切であるとを問わず、子どもは母親の方を向かざるを得ないという状況のなかで、子どもたちは育っているのである。誰も、母親の養育内容をチェックしてはくれないのだ。

こうした単純な養育環境においては、母親の期待に応えるという適応能力の形成は可能だが、母親の期待を相対化したり、異なる複数の期待を比較考量して、自分なりに取捨選択していくという意思決定能力の形成は、構造的に困難となる。母親の期待を相対化するには、異なる期待を示す〈社会的オジ〉の存在が重要であり、また、母親以外に子どものニーズを提供してくれる第三者の存在を、子どもが認知していることが重要であろう。

もちろん、母親の養育役割独占という状況下で、意思決定能力の形成が不可能といっているわけではない。養育構造の単純性にともなう陥穽に留意した、母親の養育行動もありうるだろう。しかし、家庭の養育環境の持つ構造的特性として、そのメリット・ディメリットを挙げてみたのである。

類型1や、ミードの描いたサモアにおいては、母親の一貫した子育ては困難であろう。親族や地域社会は、ときに母親の養育行為のノイズ（邪魔）になる。「せっかく、厳しくしようと思ったのに、おばあちゃんが、また甘やかしちゃって！」（おばあちゃん子の三文安)、ということになる。子どもには、母親から逃れる手立てが用意されていたのである。

現代の核家族、とくに都会のマンションやアパートにおいては、子どもは母親の視線にさらされている。母親の怒りや悲しみ(もちろん、喜びや楽しさも)は、子どもの心の奥まで、ビンビンと響く。親子関係がうまくいっているときは良いが、母親の期待に沿えなくなると関係が一気に悪化するということにもなる。そうした母親の養育効果をやわらげるショックアブソーバー(衝撃を吸収する装置)が無い。家族という養育システムに、車のハンドルのアソビのような余裕やゆとりが構造的に組み込まれていないのである。

6. 養育環境の複雑性に向けて

養育環境の単純性のメリットよりも、ディメリットを強調して述べてきた。類型1のような複雑な養育環境においてもディメリットはあるし、また、そうした環境に戻れるわけでもない。われわれにできることは、短期的には、養育環境の複雑性と単純性の相互の長所・短所を認識した上で、産業社会の典型としての類型2や3を補完する、養育のセーフティネットの確保に努めるということであろう。

そこで、手っ取り早く母親の養育役割の独占状態を緩和する方策として、父親の育児参加が浮上することになる。子どもにとっては、養育担当者が複雑化する。そこで、少なくとも期待は単一ではなく、評価も単一ではなく、ニーズが母親から充たされないとき、父親から充たされるという可能性を知ることになる。

さらに、核家族を越えて社会に養育担当者を求めることも要請される。かつての親族や地域といった非意図的な養育環境ではなく、意図的に養育機関や施設（保育園や幼稚園など）あるいは専門情報に接近する仕組みが求められることになろう。つまり、意図的な養育ネットワークの形成である。

母親の負担が軽くなることは、母親の養育行動にゆとりをもたらす。養育について相談したり、援助を求めたりする手立てが身近にあることは、危機への対応としても、また日常的な環境としても重要なことであろう。それが、まずは夫であることは誰もが肯定するのではないだろうか（核家族でおばあちゃんは近くにいないのである）。そうした仕組みが、母親の養育内容を適切なものにする力となるに違いない。

父親の育児参加は義務ではない。育児参加は権利なのである。その権利が産業社会の、とくに日本の長時間労働のなかで、あるいは性別役割分業観が強いなかで、奪われていたのだと考えたい。仕事だけでなく、養育に関わることで経験する刺激は、生活を豊かにするに違いない。子どもと共有する経験をもっと多く持つことは、子どもにとってだけでなく、父親自身を成長させることにもつながる。

父親の育児参加をはじめとして、養育環境の複雑化を可能にする社会全体の仕組みを考えていかなければならないだろう。子どもの養育は、社会全体の課題であることを終わりに述べておきたい。

V——父親の育児不安
——シングルファザーの問題に焦点をあてて

1．父子家族の父親への注目

これまで、ひとり親家族のなかで、母子家族はともかくも、父子家族に関心が注がれることは少なかった。関心が注がれたとしても、ひとり親家族で育つ〈子ども〉により多くの注意が向けられ、〈親〉とくに父親自身に注意が向けられることは少なかった。成人女性を〈親〉としてのみ見ることが多かったのと対比的に、成人男性を〈親〉として見ることに消極的であった。社会が父親を見えない存在としてきたともいえよう。

父子家族の父親、すなわちシングルファザーに焦点を合わせることで、さまざまな社会的問題が見えてくる。副題の〈シングルファザーの問題〉とは、彼ら父親自身の個人的な問題に焦点をあてるということではなく、シングルファザーに注目することで浮き彫りになる〈社会的な問題〉に焦点をあて、社会的なひろがりのなかでシングルファザーの育児不安を考えようというのが、小論の内容である。

シングルファザーの問題を、社会的な問題として見るということである。シングルファザーは、否応なく〈父親〉として社会のなかに登場してくる。見えない存在のままでいるわけにはいかない。そしてここに男性が父親であることのさまざまな問題が集約的に顕在化してくるのだ。父親の育児不安も、シングルファザーの現実のなかに、より鮮明に見えてくるはずである。

言うまでもなく、シングルファザーの育児不安は、諸々の社会的な問題と非常に強い関係のなかで生じているのである。母親の育児不安も父親の育児不安も、どちらも社会的な問題＝社会構造のなかに組み込まれて存在しているのだが、対比的に述べれば、母親の育児不安が社会的な孤立から生じるのに対し、父親の育児不安は社会（＝企業中心社会）への呪縛から生じている、ということもできるだろう。これまでの企業中心社会は、男性を抱き込んでその全生活を囚えて離さず、父親役割を担う余地をほとんど残さなかったといえるだろう。

筆者自身が参加したひとり親家族に関する共同研究（東京女性財団から一九九三年に

『ひとり親家族に関する研究』として報告書が出ている）の成果にもとづきながら、シングルファザーの育児不安の社会的な要因について考察を進めよう。

2. シングルファザーの育児不安

シングルファザーの育児不安は強い。シングルファザーを担う準備もなく、突然に父親役割を負うことになる。途方にくれるのがほとんどである。その理由について考えて見よう。

父親役割を学習する機会の剥奪

男性は、子どもの頃から、性別分業型社会のなかで、家事や育児についての学習の機会から遠ざけられていた。家事や育児を遂行する能力は当然に低い。こうした能力の獲得機会は、都市化や核家族化のなかで、女性にとっても少なくなっているが、とくに男性にとっては、まったく稀少である

また一般的に、男性にとって家事・育児能力の獲得が、社会的な評価につながらず、

インセンティヴ（誘因）の欠如は著しい。誰もほめてくれないという状況が続いた。ある役割を担う前に、その役割を学習することを予期的社会化（anticipatory socialization）というが、この予期的社会化の不十分さは明らかである。〈準備のないことによる不安〉がある。

父親経験を実践する機会の剥奪

子どもを持つ男性は父親である。父親〈である〉が、父親を〈する〉ということは少ない。男性は、性別分業型社会あるいは企業中心社会のなかで、生活の大部分を仕事に費やすことを余儀無くしてきた。男性にとって、仕事をすることが家族のためであり、父親であることの証明（アイデンティティ）でさえあるとされたから、実際に子どもの面前で父親をすることの意義は過小評価されることになった。

それは、たとえば国際比較調査のなかで、日本の父親の子どもとの接触時間がとくに少ないという結果にも現れている（日本女子社会教育会の一九九五年刊『家庭教育に関する国際比較調査報告書』などを参照されたい）。父親にはなっても、父親としての能力を磨く機会が剝奪されているのだ。ある役割を実際に担って経験を重ねるなかで、その役割についての遂行能力を獲得していく過程を参加的社会化（participatory socialization）という。企業におけるオン・ザ・ジョブ・トレイニング（ＯＪＴ）はそのひとつの例となろう。男性にとって、父親役割を実践のなかで学習する機会が圧倒的に少ないのだ。父親能力獲得のためのＯＪＴがほとんどおこなわれてこなかったのである。〈経験にともなう熟練のないことによる不安〉がある。

生活の急激な変化が不安を増幅させる。日々の実践のなかで父親役割を経験し学習していれば、シングルファザーになったときの不安も少しは緩和されるかもしれない。父親をすることに慣れており、内容はそれほど変わらず、ただ量的に増えるという変化だから。しかし、予期的社会化も参加的社会化も不十分な男性にとって、父親をすることになったときの不安が大きいのは当然である。父親であるだけの状態から父親をすることへの急激な生活の変化がシングルファザーが直面する現実である。準備のない新しい生活（役割）への移行には困難がともなうのは避けられない。〈急激な生活の変化が引き起こす不安〉がある。

育児情報からの疎外

シングルファザーは、準備があろうとなかろうと、父親をしなければならない。父親をしながら、父親役割を学習することになるが、そのための資源である情報ネットワークからはまったく遠いところにいる。たとえば家事・育児を話題にする井戸端会議の仲間を彼は持たない。相談相手がいない。男同士では、育児は話題にならないし、職場で育児を話題にすることには抵抗感がある。また育児を話題にしうる女性の友人も、日本ではなかなか作りにくい（家事・育児を契機とする男性の自発的ネットワークの不在）。

シングルマザーは、そうなる前に母親としての学習と経験を積んでいることが多い。そして母子会などのネットワークなども多く、そこから育児や生活情報をうる。母子会は、情報を得るばかりでなく、同じ経験と悩みを持つ者同士の交流のなかで励まし合い、精神的な癒しの場となっていることも多い。父子会もそうした機能を持って活動している例もあるが、母子会に比べれば少なく、また活発さにもかける。そして一般のシングルファザーはそうした父子会の存在すら知らないということが多いのである。

男性は、社会的な育児資源についての情報に疎い。シングルファザーに限らず、男性は一般に家事や育児を含む生活情報には無知であることが多い。たとえば行政が用意している育児資源（父子家庭関連施策による育児援助）は、東京二三区であれば区報など（あるいは都が出している『ひとり親家庭のしおり』）に掲載されているが、彼らはふだん区報などというものをほとんど読まないだろう。もちろん、広告などを通して、商品としての育児資源や家事資源について知ることも少ない。

父親としての学習経験が少なく、したがって能力も高くない男性が、育児を一手に引き受けるのは不可能である。社会的な援助がどうしても必要である。しかし、そのときに、どこにどのような育児資源があるのかわからない。育児資源へのアクセスの手立てが無いのである。援助の手がシングルファザーのところまで届かないのである。孤独な作業を強いられることになる。〈情報の遮断＝孤立のなかで父親をすることの不安〉がある。

3. シングルファザーのアイデンティティ不安

女性は母親であること、母親をすることで自己のアイデンティティを確認してきた。あるいは確認することを要請された。男性は企業中心社会のなかで、職業人であることに自己のアイデンティティの基盤を求めた。あるいは求めることを要請された。どんな仕事をしているかが自己の存在を確認する際の核となってきた。男性が父親をすることは、アイデンティティの確認にはつながらない。〈アイデンティティ不安としての育児不安〉がある。

シングルファザーの育児不安とは、彼らのアイデンティティ不安をも意味するのだ。性別分業型社会におけるふたり親の父親にとっては、仕事が生活の中心であり、そこにおける社会的評価が、彼が何者であるか、を規定している。アイデンティティ獲得の社会的な基盤＝すなわち職場という土俵で全力勝負をすることを要求されているのだ。しかし、その全力勝負が不可能になるのがシングルファザーである。彼の全生活を仕事に費やすわけにはいかない。仕事から何らかの後退を余儀無くされる。それはシングルファザーの社会的評価の低下につながり、アイデンティティを撹乱させることにもなる。

少し古いが、アメリカ映画『クレイマー・クレイマー』のクレイマー氏を想起してもらえればよい。シングルファザーになることは、彼にとって、単なる父親である状態から、実際に父親をする状態への急激な生活の変化と、そしてエリートサラリーマンからの撤退を意味していた。エリートコースから外れることの苛立ちと不安は大きい。

クレイマー氏のとまどいと混乱は相当なものではあったが、子どもとの生活のなかで、彼はしだいに父親をすることの意味を見出していった。それが自分の大切な生活なのだということに気付き、そのことを日々確認していくのである。つまり、父親をすることが、重要な自己のアイデンティティの基盤のひとつとなっていったのである。アイデンティティ基盤が仕事から育児へと移行していく、あるいは仕事だけから仕事と育児に多元化していく過程として描かれている。

しかし、現実の多くのクレイマー氏（＝シングルファザー）にとって、映画のクレイマー氏がそうであったように、あるいは彼以上にアイデンティティ基盤の移行や多元化は困難な作業になる。とくに日本の場合、そうした作業をサポートする社会的環境がほとんど無いことが大きな足かせとなっているクレイマー氏から二〇年近く後に、今度は同じくアメリカ映画『ミセス・ダウト』（一九九三年）が作られた。これは、離婚によって、父親をすることの機会を奪われた男性の混乱ぶりと奮闘を描いた喜劇である。父親をするということが、重要なアイデンティティ基盤であり、それを失う危機に直面した男性の奮闘物語であった。父親というアイデンティティ基盤を発見したクレイマー氏の時代から、父親というアイデンティティ基盤を前提とするミセス・ダウトの時代へと、映画に描かれたアメリカ社会は変化したということもできるだろう。ミセス・ダウトのアイデンティティ不安（危機）とは、仕事役割を失うことではなくて、父親役割を喪失することにあるのだ。

4. シングルファザーの社会的不安

翻って日本社会はどうだろう。はたしてクレイマー氏のように父親を発見しただろうか。時代はクレイマー氏以前といってもよい状況が続いているとはいえないだろうか。たとえば、〈社会がシングルファザーを見えない存在に追いやっている〉という現実がある。シングルファザーはもっとも社会的サポートを必要とする人たちであり、その意味で社会のなかに明確に位置づくべき存在である。しかし、見えてこないのだ。

性別分業型社会、企業中心社会のなかで、シングルファザーは、存在の正当性を認められない。そうした規範・意識をシングルファザー自身が内面化しており、社会に登場することに躊躇することが多い（象徴的暴力＝社会が彼を暴力的にコントロールしているわけではないが、彼自身が社会の意図を内面化して自己をコントロールしてしまう典型的な状況がここにはある）。父子関係のなかに閉じ籠もって、なかなか社会に出てこないのだ。どうしようもなくなって、福祉の窓口にいっても、堂々とした態度をとれなくて、下を向いてボソボソと言うだけだから、せっかく会社を休んで行ったのに、得られる援助も貰えないでトボトボ帰ってくるのがおちである。父子家族に対する〈社会のネガティヴなまなざし〉を彼ら自身もまた一層強く持っているのである。

父子家族に対する施策も少しづつ拡充方向にある。しかし、その施策・福祉を利用する（動機づけをも含む）仕組みが弱いのだ。シングルファザー自身の躊躇があり、彼らを福祉につなげる社会的ネットワーク（民生委員など）が十分に機能しているとはいえない。したがって、父子家族の福祉についてとくに強調すべきことだが、福祉の利用実績がそれほど多くはないということがあっても、それはシングルファザーにニーズがないからなのではなく、彼らを福祉につなげる手立てに欠けていたり、施策運用の柔軟性（臨機応変さ）に欠けていたりするからだと考えた方がよい。

繰り返すが父子家族の福祉に対するニーズは非常に大きいはずである。それが見えてこないことが問題なのである。見えないままに困難な状況をシングルファザーがひとりで抱え込む結果、見えた時には、問題が深刻化していることも多いのである。

父親である男性は誰でも、シングルファザーになる可能性を持っている。また、そうならなくとも、シングルファザーの現実のなかに社会的な問題や社会的不安が凝縮してたちあらわれている。シングルファザーがしっかりと社会のなかに位置付くこと、そのためには性別分業型社会や企業中心社会という社会のありかたを問い直すこと、そしてそのなかで、我々のアイデンティティのありようまで問い直すことが要請されていることを確認したい。

Ⅵ——小室直樹的機能分析とその先

小室直樹は、六〇年代から七〇年代にかけて、雑誌『社会学評論』、『思想』、『経済評論』などに、論文を精力的に発表している。たとえば、「機能分析の理論と方法——吉田理論からの前進」（『社会学評論』、二〇—一、一九六九年、六〜二二頁）があるが、その筆致の勢いはおおいにインパクトがあった。それらの論文の基本的モチーフは、経済学の一般均衡論をベースにして、社会学の行動論的・システム論的発展と洗練を図ろうとするものであり、機能分析について非常に斬新な提案をしていた。これを埋もれさせるのはもったいないと思う。四〇年を経た現在、小室直樹の提起した機能分析とは何だったかについて再度、問い直してみることは価値あることと思う。

その詳細は、今後の私の課題として別稿を期すとして、ここでは、小室ゼミを通して私なりに受け止めた機能分析（functional analysis）とは何かについて概略を記述しておく。小室直樹は、機能分析をシステム論的に一般化する。まず、機能分析とは、〈実行空間（A）の評価空間（B）への写像（f：a→b）〉である。あるいは、インプット（x）をアウトプット（y）に変換する変換演算子（y＝f（x））のことで、〈機能〉つまり〈function〉というのは、〈関数　f〉のことである。そして、〈実行空間から写像される評価空間は複合的に存在し、それが変化する〉ということが重要なポイントであると考える（あるいは、変換演算子　fは一律に固定的にあるのではなく、複数／可変的なものと見なさなければならない）。たとえば、マートンの顕在的機能と潜在的機能というのは、評価空間が2重に存在することを主張していると理解できる。E・エリクソンらの発達課題論でいえば、同じ行為でも発達段階が移行すれば、それは〈退行〉となり逆機能と判断される。

かつて、機能分析と呼ばれるものは、評価空間（＝規範）を固定して実行空間上の行為を変数とみる傾向が強かった。しかし、フェミニズムに代表されるように、社会学は評価空間（人々の価値や意識、社会の規範や期待）をこそ動かして、同じ行為でもさまざまな見方や評価がありうること、意図せざる帰結がともなうこと、歴史とともに評価が変わること、などの規範の意味の解明に注力しなければならない。機能分析に対する批判はさまざまな水準であるが、上野千鶴子氏の諸論考は、まさに〈評価空間〉の相対化であったと見ることができる。次のような言明はまさに小室的機能分析ということができるであろう。

「こうして「家族」は「現実」であるよりも多く「規範」となる。その「規範」モデルは家族の「現実」を隠蔽する効果を持つ。（略）フェミニストの家族研究は「家族」が「暴力の砦」となりうること、家庭内暴力は「近代家族」の自律性（別のことばでは、閉鎖性とも孤立性とも呼ばれる）の当の産物であることを示唆してきた」（『家族』の世紀」）『岩波現代社会学講座19〈家族〉の社会学』、一九九六年、一七頁）。

評価空間を一律に固定して行為を見る（＝評価する）ようないわば〈悪しき〉機能分析は致命的な限界を抱えていたのである。しかし、小室のいうように、機能分析をより広く一般化して、評価空間を複数化し変数化した上で、つまり〈実行空間から評価空間への写像〉を多様に実践することと考えれば、現代社会学にとってもその意義は大きい。というより、小室風に言えば、多くの社会学の実践が（ここで広義に一般化した意味での）機能分析ということになるのである。たとえば、拙著「社会化とフェミニズム」（『教育社会学研究』、六一巻、一九九七年、二五〜三七頁）は、そういう前

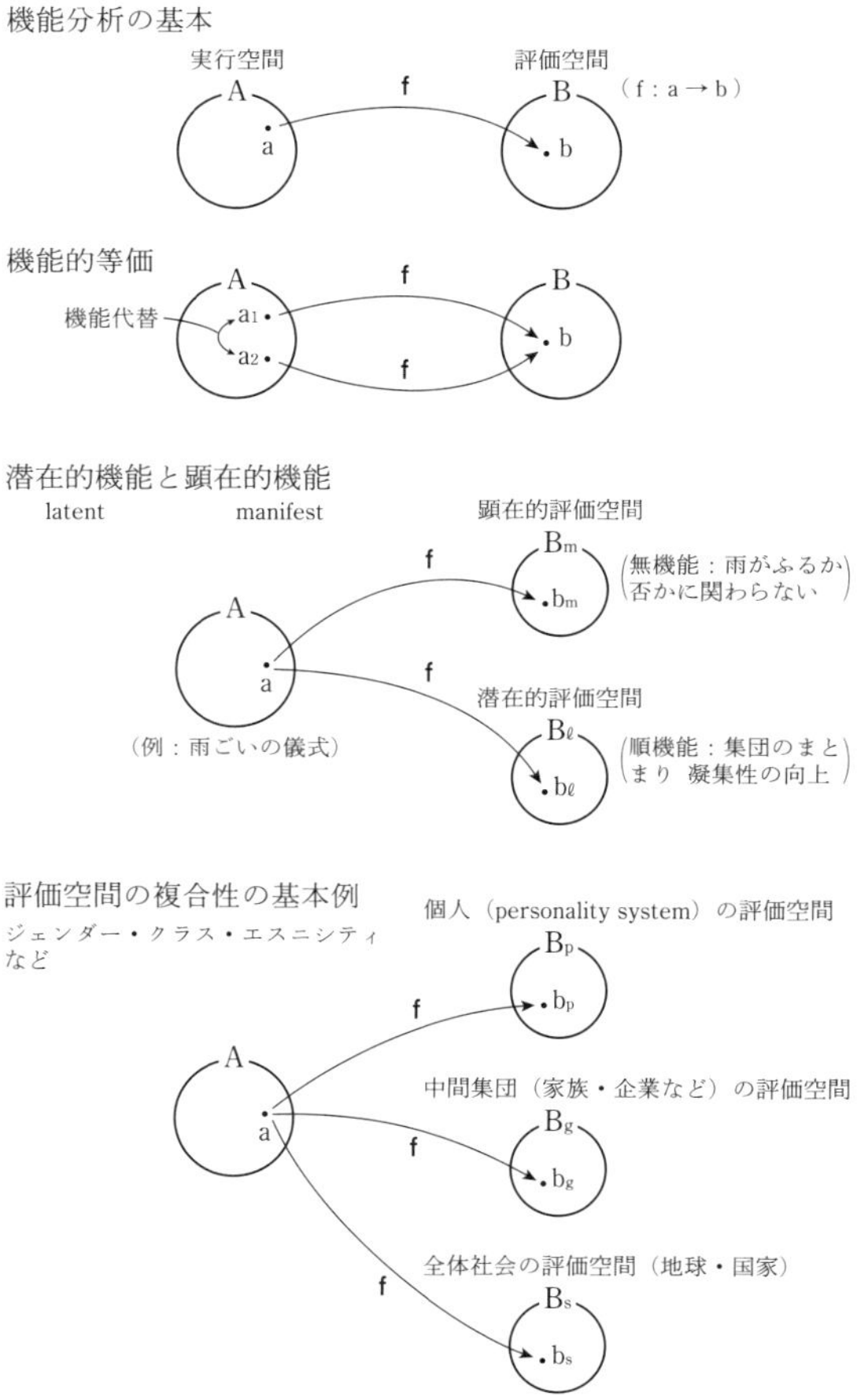
機能分析の基本
実行空間
評価空間
A
B
f
(f : a → b)
a
b
機能的等価
機能代替
a1
a2
潜在的機能と顕在的機能
latent
manifest
顕在的評価空間
Bm
bm
(無機能 : 雨がふるか否かに関わらない)
潜在的評価空間
Bℓ
bℓ
(例 : 雨ごいの儀式)
(順機能 : 集団のまとまり 凝集性の向上)
評価空間の複合性の基本例
ジェンダー・クラス・エスニシティなど
個人 (personality system) の評価空間
Bp
bp
中間集団 (家族・企業など) の評価空間
Bg
bg
全体社会の評価空間 (地球・国家)
Bs
bs

図　機能分析の基本枠組

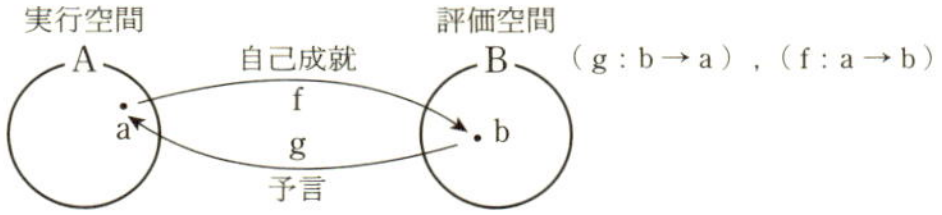

図　マートンの予言の自己成就

提で書いたものである。

ところで、機能分析の基本枠組の図でわかるように、マートンは機能分析の洗練におおいに貢献した。その意味で、パーソンズと並んで機能分析の主要な研究者と位置づけるのは間違ってはいない。しかし、マートンは機能主義に収まる研究者ではない。彼の〈予言の自己成就〉の議論は、後に続くラベリング論・ピグマリオン効果、総じて構築主義に連なる社会学的源泉（トマスの公理：「もしひとが状況をリアルであると決めれば、その状況は結果においてもリアルである」がさらなる源泉）のひとつであることを指摘しておきたい。ここでは図を示すだけになるが、マートンは評価空間から実行空間への変換（〈現実の社会的構成〉、g：b→a）がまずあり、そしてその帰結として評価空間へと変換が循環的に生起するとしたのである。このことは非常に大きな意味を持っている。「（トマス）の公理は、ニュートン流の公理ほど適用範囲が広くもなく、また正確でもないが、しかしそれに劣らない重要性を持っている」（前掲書、三八二頁）というマートンの言明にもっと注目すべきであろう（ニュートン流とは、パーソンズの機能分析を指すと理解して間違いは無い。パーソンズは、古典力学体系を範とするが、そこまでに至らない次善の方策として構造機能分析を構想した）。実行空間の評価空間への写像という小室直樹的機能分析は、彼の意図（＝機能分析の彫琢）を越えてここまで議論を導いてくれるのである。

Ⅶ――九〇年代の全国家族調査とインタビュー調査

一九八三年から七年間、電気通信大学に在職した。人文社会・語学系列は、経済学の故 橋本寿朗氏や仏語の小林康夫氏など多士済々で楽しく過ごした。心理学の滝沢武久先生と独語の西尾幹二先生が両隣の部屋だった。一九八六年には、国費留学でハーバード大学の社会学研究科に行かせてもらった。当時の社会学大学院にいたのが、ジョン・リー氏であり、石田浩・池上英子・白波瀬佐和子の各氏である。いま考えると贅沢な仲間たちだ。このときに、『孤独な群集』のリースマン夫妻に会い、またパーソンズのお墓にも行った。

この頃、FS（Feminism and Sociology）研がはじまり長く続く研究会となった。創立時のメンバーは目黒依子・矢澤澄子・庄司洋子・岡本英雄・直井道子・村松泰子・江原由美子・山田昌弘・安立清史の諸先生。松信ひろみ・船橋恵子・大槻奈巳・島直子の諸先生や時期ごとの上智大学院生も加わり、厳しくも懐の深い議論を楽しんだ。私にとっては、〈帰って行く場所〉となった。初期は、フェミニズム文献の講読あるい

リースマン夫妻と、自宅で。(1986年)

はメンバーやゲストの報告が主だったが、九〇年代に入って、放送大学の目黒依子編『ジェンダーの社会学』(一九九四年)の映像教材・印刷教材作り、あるいは科研費による調査研究プロジェクトの取り組みとその成果刊行が主になった。

九〇年代以降の軌跡は、簡単に記す。まず、計量的な研究では、一九八五年と一九九五年のSSM調査(社会階層と社会移動に関する全国調査)に参加した。九五年は、ゼミ生が調査員となり品川区と大田区あたりで訪問面接調査をしている。私自身の分析テーマは、「結婚と階層結合」すなわち階層同類婚であり、阪大の近藤博之さんや首都大学東京の稲葉昭英さんほかの協力を得て論文を書くことができた。階層同類婚は、格差の問題とも大きく関わる重要な研究テーマなので、もっと多くの研究者にこの領域に参入して活発な議論をしてほしいと思っている。正岡寛司・望月嵩編『現代家族論』（有斐閣、一九八八年）では「家族と職業」の章で、章のタイトルからは逸脱気味であるが、結婚と職業（＝階層）との関係を仮説的に議論した。

パーソンズの墓は、Mt. ジャフリーの近く、old town meetinghouse の裏手の古い墓地にあった。（1986年）

　家族社会学からの階層研究への参入も重要である。一九八五年ＳＳＭ調査における直井道子先生ほかの先駆的研究者の存在があり、この一九八五年にはじめて女性が調査対象になった。一九九五年ＳＳＭ調査からは、岩井紀子さん、賀茂美則さん、稲葉さんなど、そして二〇〇五年にはさらにもっと若い世代が活発な研究活動をされているのは心強い。家族社会学にとって、ＳＳＭ調査関係者とのネットワークの形成は、全国家族調査（ＮＦＲＪ）の実現には不可欠であった。たとえば、盛山和夫氏には、たいへんお世話になった。家族社会学会大会のＮＦＲＪ関連セッションでは辛口の（＝フェアな）コメントをいただいている。

歴代の日本家族社会学会会長——森岡清美先生、正岡寛司先生、石原邦雄先生などの長年の尽力でようやく一九九八年に第一回のＮＦＲＪ調査が実施された。アメリカのＮＳＦＨや日本のＳＳＭという全国調査を参考としながら取り組んだが、データの公開を当初からの目標としてあげたのが、この調査の誇るべき特徴である。〈データの公開と二次データの分析〉という二一世紀に入っての調査研究の大きな道筋の形成に重要な貢献ができているといえるだろう。私自身一〇年余にわたる関わりであった。稲葉さんと早稲田の嶋崎尚子さんと私の三人の共編で多くの執筆者の参加を得て第一回調査の分析を刊行できた（『現代家族の構造と変容——全国家族調査［ＮＦＲＪ98］による計量分析』、東京大学出版会、二〇〇四年）。現在、第三回調査まで実施されている。またパネル調査も実施された。この調査の魅力とデータ公開という主旨に賛同して多くの若い研究者が加わっているが、さらに活発な研究が展開され、ＮＦＲＪが持続発展することを願っている。

九〇年代は二つの質的研究にも関わった。私自身の研究スタイルのおおきな転機ともなった時期である。これは、私にとってすごく幸いなことだった。

九〇年代前半には、庄司洋子先生（当時　立教大学）と大日向雅美先生（恵泉女子大学）との共同研究『ひとり親家族に関する研究』（東京女性財団、一九九三年）がある。離別、死別、非婚の多くのひとり親にあった。母子家庭の母親、父子家庭の父親に、個別面接だけでなくグループ面接をさせていただいた。父子家庭の会の会長宅への訪問もあった。いくつかの母子寮（当時）を訪問し話を聞いた。東京二三区の各区にある母子会や関連する団体などにインタビューをした。夏には、新潟県の塩沢での母子家庭のキャンプにボランティアの「ナベさん」として参加した。三菱商事の社会貢献室の企画で毎年実施されていたものである。民宿というつもと違う場所で一緒に過ごして、新たな発見も多かった。

この共同研究では多くを学んだ。ひとり親になった経緯など身にしみる話も多かった。当事者の声を聞く者の責任をあらためて強く認識した。グループインタビューでは、ゆったりと落ち着いた雰囲気ができあがり警戒感が解かれていく。われわれ三人はあまり発言しない。とくに私は基本的に沈黙を通した。ゆっくりと信頼感が充ちていくなかで、ひとり親同士が自由に話し合う。ときどき短い質問を庄司先生が発するとまた活発な議論がはじまる、という流れである。このインタビューの場の雰囲気ができあがるのは、そう簡単ではない。どこかのマニュアルに書いてあるわけでもない。

共同研究者のお二人の醸し出す何とも言えない雰囲気に感服した。当時のゼミ生が、インタビューの録音やインタビュー中のひとり親のお子さんの世話などで参加したが、個々に刺激を受けていろいろな感想を寄せた。過酷な死別の体験をお聞きした。二時間のインタビューが涙から笑いに変わっていく変化の意味。ゼミ生にからだをぶつけてくる子ども。報告書を書き終えた頃、調査に協力していただいた何人かのひとり親の方々にお茶のお誘いを受け、庄司先生と出かけて暖かい一時を過ごした。もちろん、報告書はお送りした。以来、つきあいが続く人もいる。研究の上での重要な準拠集団となっている。

先に再録した小論「父親の育児不安――シングルファザーの問題に焦点をあてて」は、この共同研究を踏まえたものである。父子家庭の問題や悩みを強調しすぎているかもしれない。しかし、最近の父親に関する調査結果や父子家庭における児童虐待が数多く報じられる現状を見ると、小論に書いたことは、残念ではあるが現在でも重要性を失っていないだろう。父子家庭をサポートし社会のなかに位置づける仕組みの拡充が必要である。

九〇年代後半には、大規模な聞き取り調査のプロジェクトに参加した。報告書は、『「現代日本人の生き方」調査報告』（二〇〇〇年、財団法人上廣倫理財団）。それをまとめて、宮島喬・島薗進編『現代日本人の生のゆくえ――つながりと自律』（藤原書店、二〇〇三年）として刊行されている。社会学以外の分野の研究者も含めて一〇人による共同研究である（教育学の村井実先生や米山光儀先生、医学の桑山紀彦先生、倫理学の越智貢先生など）。聴き取りは当時（九七～九八年頃）の大学院生（博士課程修了前後）の多くに協力をしてもらっている。このインタビューも調査対象者の〈人生〉が直に伝わってくるものであり、あらためて対象者に鍛えられたという思いが強い経験となった。私の担当は家族に関する生き方の考察であったが、〈挫折から解放へ〉をひとつの視点としてインタビューをまとめた。

以上、二つのインタビュー調査を記したが、調査研究への協力者こそ研究の重要な準拠集団であるという基本の確認ができた二つの共同研究であった。九〇年代末から、慶應義塾大学湘南藤沢中等部・高等部の部長になったが、それは、保護者（親）と生徒（子ども）のさまざまな生活や思いとの出会いでもあり、家族社会学と教育社会学の両分野での研究が試される〈現場〉でもあった。このあと二〇〇〇年代は教職課程センター所長、そしてハラスメント防止委員会委員長と続いた。

一九九〇年に慶應義塾大学にやって来たから、このことが九〇年代の最も大きい出来ごとになる。最初の年、三田のキャンパスを歩いていると「がんばってください」と男性から声をかけられた。講義を聴いている学生だったと思うが、笑顔を返した程度ですれ違ったから誰だかわからないが、嬉しかった。ゼミ一期生は男子学生三人のみからはじまった。最初の北軽井沢での夏合宿は、ゼミ生が少なかったので友人の他大学の研究者たちも誘った。ゼミ生が報告すると教員四人がコメントするという贅沢な、ゼミ生にとってはたいへんな合宿だった。二期生がやってくると、前の年に私が言ったことを後輩に言って教えている。そのひとり、稲垣君は、大学院の修士を出てＮＨＫのアナウンサーになった後もよく電話をかけてきたり家に泊まりに来た。アメリカで交通事故のため亡くなる直前にも泊まりに来て、楽しい時を過ごした。彼の事故は慶應義塾の二四年間でもっとも残念なことであった。

ゼミは今年度で二三期を数える。二期以降は女子学生が多数派となった。ゼミ生中心のゼミ運営だったが、リーダーシップや企画力を持つ素晴らしい学生たちだった。そこからヒントをいっぱいもらったし、いまだに講義資料に使っているゼミ報告もある。

また、慶應義塾大学通信教育課程の卒業論文担当もかなりの人数を引き受けた。おそらく五〇人は越えていると思う。社会人としての経験（あるいは人生）を踏まえた問題意識に多くを教えられ学ばせてもらった。「通信渡辺ＯＧ会」というものがあり、会員は二〇人を超えている。一昨年は会の有志と南三陸に行った。研究会と懇親会は毎年続いている。私の研究関心の幅が広がる機会でもあり重要な準拠集団を確認する機会でもある。

Ⅷ——二一世紀に　大学院生との共同研究

慶應義塾大学大学院社会学研究科の委員になったのが九六年。私を指導教授とする大学院生はその年からで最初が西村純子さん。私の海外滞在中は日本での資料集めなどで助けてもらった。それから少しずつ増えて、院卒を含めた人たちと共同研究ができるようになった。ひとつは、福島県男女共生センター委託研究の『親密な関係に潜む女性への暴力——韓国との政策比較から見えてくる日本の課題』（二〇〇五年）であり、もうひとつは、韓国青少年政策研究院との共同研究『青少年の社会化の日韓比較研究』である。後者は、渡辺秀樹・金鉉哲・松田茂樹・竹ノ下弘久編『勉強と居場所——学校と家族の日韓比較』（勁草書房、二〇一三年）として編纂書を刊行している。

大学院生や大学院出身者との共同研究のテーマは、彼らの研究関心に基づくことになる。修士論文に「Domestic Violence 政策の日韓比較研究」をテーマとして執筆した院生がいて、ジェンダーやセクシュアリティを研究領域とする院生／院卒が幾人かいたことが前者を可能にし、教育社会学分野とくに青少年を研究領域とする院生が増えたことが後者を可能にした。さらに計量調査・インタビュー調査の両方を担える院生も出て来たことが二つの共同研究を可能にした。両者とも、日韓比較なのは、韓国からの留学生（金鉉哲氏と裵智恵さん）の存在が大きい。この一〇年間、韓国にはインタビューや施設見学あるいは国際シンポジウム出席のため何度も訪問している。研究代表者として責任を取りながら、楽しい共同研究を進めてくることができた。

さて、現在とこれからである。二一世紀になって、立て続けに学会会長職が回って来た。家族問題研究学会会長（二〇〇八〜二〇一二年）と日本家族社会学会会長（二〇一〇〜二〇一三年）である。日本家族社会学会では恒例の会長講演を一昨年の大会で行ない、それを文章にして『家族社会学研究』（二五巻、一号）に掲載した（「多様性の時代と家族社会学——多様性をめぐる概念の再検討」、二〇一三年、七〜一六頁）。やりたいことのひとつは、これに書いた。やはり、家族への歴史社会学的研究を領域とする院生の刺激がある。彼らと〈擬制〉研究会（略称　擬制研）を不定期に開催して、ゲストの報告者を迎えては、家族の多様性を歴史的に再検討することや、現在の家族に関わる多様性をどう捉えるかを議論している。若い研究者たちの大きな可能性を近くに感じながら、自らの研究を進めていきたい。

最後のコラムは、『三田評論』に掲載された文章である。慶應義塾の二四年間で、『三田評論』の座談会には、たくさん参加させてもらった。おもに、家族そして教育がテーマ。他分野の方々との座談はたいへん刺激的だった。「大災害に見る家族、地域、人とのつながり」(二〇一一年一二月)、「福沢諭吉に学ぶ、家庭の役割」(二〇〇九年六月)など。コラムは、小泉信三の没後四〇年を記念して組まれた特集に掲載された『海軍主計大尉小泉信吉』の紹介(二〇〇六年五月)。家族について考えるときの原点となる書である。

コラム

小泉信三『海軍主計大尉小泉信吉』

（文義春秋、一九六六年／文春文庫、一九七五年）

父は海軍が好きだった。あるいは自分が進んだかもしれない道を息子が進んだ（『一つの岐路』）。

家族、あるいは子どもについて、夫婦関係・親子関係について、そして父親論についての屈指の名著。時を隔てているが、現在の家族や子どもを考える上において、大きな示唆を与える。海軍の好きな子どもが希望かなって海軍の軍人になり戦死する物語。しかし同時に、反戦平和の本である。戦争を受け入れ、息子の戦死を受け入れる文章の奥底に、反戦平和の声が深く響いて聞こえてくる。題名を見て敬遠するには、もったいなさすぎる本である。

本書は最初、私家版として三〇〇部作られ、「信吉の親しき人々」（本書後記）に配られた。文藝春秋より刊行され、われわれが読むことが出来るようになったのは、小泉信三の没後である（一九六六年八月十五日第一刷。本稿は文庫版に基づいて該当頁を示す）。生前、覆刻刊行の要請はたびたびであったが、小泉信三は、これを認めなかった。こうした刊行の経緯については、当時、小泉の側にいた和木清三郎氏の「あとがき」、あるいは同氏「先生の恩義」(『小泉先生追悼録』、新文明社、一九六六年九月十日発行、六八三―四頁)に記されている。「(本書)は、先生が信吉君のいとしさをおしかくしながら、なおかつ無性に抱きしめたい心をかくしきれなかった文章であろう」(あとがき、二六六頁)と氏は記している。

私家版の表紙(および背表紙)には、著者「小泉信三」の上に小さく〈父〉という文字が載っている(慶應義塾図書館蔵)。父親として、先に逝った息子への「小さな贈り物」(二五九頁)として、親しい人々に向けて本書は書かれた(だから書評などというのは、筆者小泉自身にとっては、まったく想定外のことなのだ)。

小泉信三の子息・信吉は、昭和十七年十月二十二日、南太平洋にて戦死を遂げる。享年二十五。本書執筆は昭和十八年春から、翌十九年四月二日のおよそ一年間。戦時多忙のなか、早朝あるいは深夜に書き継がれてようやく完成したが、戦火で印刷所が焼失してしまった。校正刷が残り、これをもとにようやく戦後の昭和二十一年五月末の後記が付されて、本書は親しい人々のもとに届けられた。

本書に章立てなどの区切りは無いが、信吉の誕生から出征までが語られる前半部(七二頁まで)、本書の主要部分となる信吉の艦上通信、つまり戦地からの手紙が順を追って示される中間部(七三頁から一九六頁まで)、そして信吉の戦死以降、一年間ほどの出来事が記された後半部(一九七頁から二五九頁まで)、という三部構成になっている(それぞれ頁が改められている)。

前半部のクライマックスは、「君の出征に臨んで言って置く。」にはじまる父信三から、息子信吉に手渡される手紙である（六七―八頁）。本書が紹介されるときには、まず引用される箇所であり、また歴史上、感銘を受ける手紙のひとつとして取りあげられたりする。私は、このはじまりに続く三行が好きだ。「吾々両親は、完全に君に満足し、君をわが子とすることを何よりの誇りとしている。僕は若し生まれ替わって妻を択《えら》べといわれたら、幾度でも君のお母様を択ぶ。同様に、若しもわが子を択ぶということが出来るものなら、吾々二人は必ず君を択ぶ。」と。

信吉は言葉も遅く、どう見ても「成長の晩い子供」であった。普通部には五年いた（当時多くは四年）。心配する母親に向かって「兎に角大成する子供」だと幼稚舎の先生は予言して、母親を一日、幸福にした（予言の自己成就！）。父親の書斎から書物を持ちだす読書好きの息子。父親が家の板羽目に向かってテニスの壁打ちをすると、ときに遠慮がちに、ときに突慳貪《つっけんどん》に勉強に邪魔と文句をいう。信吉の生い立ちにおけるエピソードが楽しい。テニスや書物を媒介にした親と子のコミュニケーションの豊かさ。小説中の好きな人物は、『戦争と平和』のアンドレエ公爵（三三頁）。長じてよく聞く言葉が「なに、これで好いんですよ」（四九頁）という人格。愛すべき、育むべき〈塾生の一モデル〉。

本書中間部の艦上通信が、また楽しい。呑気で愉快な、そして文化的（読書）な暮らしが記され、戦地の緊迫感を語らない。妹にはフクちゃん（横山隆一の漫画）言葉で話しかける。

それが、家族への信頼と愛情を伝える。〈われわれであること（we-feeling）〉の確認。家族をすることの豊かさ。

後半部の信吉戦死以降は、やはりつらい。「闇の中に、「シンキチ、シンキチ」と呼ぶ妻の声がする（二〇一―二頁）。そして最後に「……信吉の容貌、信吉の性質、すべての彼れの長所短所はそのままとして、そうして二十五までしか生きないものとして、さてこの人間を汝は再び子として持つを願うかと問われたら、吾々夫婦は言下に願うと答えるであろう。」（二五九頁）という言葉に至る。〈小泉家族像の核心〉。

『三田評論』（二〇〇六年五月）

IX――おわりに

この小論では、マートンをよく参照してきた。マートンは、フィラデルフィアの下層ユダヤ系移民の子どもである。彼はコロンビア大学で、ヨーロッパからユダヤ系の研究者（ラザースフェルドなど）を多く招いてアメリカの社会学をリードする研究拠点を築き上げた。ハーバードの大学院ではパーソンズの学生であった。WASP中心の裕福な学生たちのなかで、着た切り雀の彼は、ある種の居心地の悪さを感じた。まわりの人たちが示す文化や価値、あるいは行動パターンを当たり前のものとして無意識にやり過ごすことはできずに、ひとつひとつを意識化し相対化することになった。幼い時の友人たちとともに馴染んだ文化や規範とは大きく異なる。

おそらくマートンは、彼らを思いながら〈個人の適応様式の諸類型〉や〈マタイ効果〉や〈予言の自己成就〉や〈準拠集団論〉などの中範囲理論を構想していったのではないだろうか。WASPを出自とするパーソンズが、ハーバードの文化、あるいはアメリカの主流の文化と社会を前提として壮大な理論（grand theory）を構想したことと対照的である。マートンは、周辺にいることの強み（marginal man）を十分に活かしてさまざまな注目すべき理論を創出した。彼は、自著（『社会理論と社会構造』）の謝辞でパーソンズのことを「彼の教師としての才幹のほどは、従順な弟子をつくることよりはむしろ、学問的熱意をかき立てた点に認められる」と記す。

私は、一九九〇年に四〇歳過ぎで慶應義塾にやってきた。私のあとはしだいに増えてきたけれど、当時の社会学系教員では、学外から定年（六〇歳）後に来ることはあっても四〇歳頃に来るというのは初めてのことであると言われた。当然ながら、この大学の伝統と歴史の重みは、暗黙の価値や文書化されていないコードや沈殿したネットワークなどを豊かに蓄積していて、その上で日常が動いているという面が多くある。昨年に定年を迎えた文学部の教員が「大学から慶應なので自分は外様」と表現した。中年過ぎにやってきた人間はどう表現しうるのだろうか。

しかし考えてみれば、マートンには遠く及ばないが、当たり前のコードを相対化する立場つまり〈周辺人〉という社会学にとってはまことに恵まれた立ち位置にあったのだ。この周辺という地点から、どれほどのことができたかはまことに心もとないことではあるが、分厚い経験をさせてもらったことは確かである。そうした構造と立ち位置が私にとっての教師だったとも言える。関わったすべての人々に感謝したい。

学生たちは素晴らしかった。多くのことを教えてくれた。

高度成長期以前の地方の貧しい時代に一緒に遊んだ幼い友人たちを原初的な準拠人として忘れず、もうしばらくは社会学を続けたいと思っている。

…………………………

本書を三田哲学会叢書として刊行することを許可された同会に感謝します。また、慶應義塾大学出版会編集部の宮田昌子さんに、たいへんお世話になりました。本書刊行は宮田さんに負うところ大です。ありがとうございました。

初出一覧

Ⅳ　「家庭の養育環境の複雑性と単純性」（『教育と医学』、一九九七年七月、四四～五〇頁）を改稿

Ⅴ　「父親の育児不安――シングルファザーの問題に焦点をあてて」（『現代のエスプリ　子育て不安・子育て支援』、三四二号、一九九六年一月、一六五～一七一頁）を改稿

コラム『三田評論』二〇〇六年五月

なお、右記以外の章は本書のための書き下ろしである。

渡辺秀樹（わたなべ　ひでき）
1948年生。慶應義塾大学教授（2014年 3 月まで）。
東京大学大学院教育学研究科博士課程単位取得退学。
1986年、ハーバード大学社会学部訪問研究員、1998年、ハーバード大学エンチン研究所訪問教授。専門は家族社会学、教育社会学。主な著書に『勉強と居場所――学校と家族の日韓比較』（共編著、勁草書房、2013）、『いま、この日本の家族――絆のゆくえ』（共著、弘文堂、2010）、『現代日本の社会意識――家族・子ども・ジェンダー』（編著、慶應義塾大学出版会、2005）、『現代家族の構造と変容――全国家族調査［NFRJ98］による計量分析』（共編著、東京大学出版会、2004）ほか。主要論文に「個人・役割・社会――役割概念の統合をめざして」（『思想』686号、1981.8）ほか。

慶應義塾大学三田哲学会叢書
モデル構成から家族社会学へ

2014年 3 月20日　　初版第 1 刷発行

著者――――――渡辺秀樹
発行――――――慶應義塾大学三田哲学会
〒108-8345　東京都港区三田2-15-45
http://mitatetsu.keio.ac.jp/
制作・発売所――慶應義塾大学出版会株式会社
〒108-8346　東京都港区三田2-19-30
TEL〔編集部〕03-3451-0931
〔営業部〕03-3451-3584〈ご注文〉
〃　03-3451-6926
FAX〔営業部〕03-3451-3122
振替　00190-8-155497
http://www.keio-up.co.jp/
装丁――――――耳塚有里
組版――――――株式会社キャップス
印刷・製本―――中央精版印刷株式会社

Printed in Japan　ISBN978-4-7664-2122-4

「慶應義塾大学三田哲学会叢書」の刊行にあたって

ars incognita

このたび三田哲学会では叢書の刊行を行います。本学会は、1910年、文学科主任川合貞一が中心となり哲学専攻において三田哲学会として発足しました。1858年に蘭学塾として開かれ、1868年に慶應義塾と命名された義塾は、1890年に大学部を設置し、文学、理財、法律の3科が生まれました。文学科には哲学専攻、史学専攻、文学専攻の3専攻がありました。三田哲学会はこの哲学専攻を中心にその関連諸科学の研究普及および相互理解をはかることを目的にしています。

その後、1925年、三田出身の哲学、倫理学、社会学、心理学、教育学などの広い意味での哲学思想に関心をもつ百数10名の教員・研究者が集まり、相互の学問の交流を通して三田における広義の哲学を一層発展させようと意図して現在の形の三田哲学会が結成されます。現在会員は慶應義塾大学文学部の7専攻（哲学、倫理学、美学美術史学、社会学、心理学、教育学、人間科学）の専任教員と学部学生、同大学院文学研究科の2専攻（哲学・倫理学、美学美術史学）の専任教員と大学院生、および本会の趣旨に賛同する者によって構成されています。

1926年に学会誌『哲学』を創刊し、以降『哲学』の刊行を軸とする学会活動を続けてきました。『哲学』は主に専門論文が掲載される場で、研究の深化や研究者間の相互理解には資するものです。しかし、三田哲学会創立100周年にあたり、会員の研究成果がより広範な社会に向けて平易な文章で発信される必要性が認められ、その目的にかなう媒体が求められることになります。そこで学会ホームページの充実とならんで、この叢書の発刊が企図されました。

多分野にわたる研究者を抱える三田哲学会は、その分、多方面に関心を広げる学生や一般読者に向けて、専門的な研究成果を生きられる知として伝えていかなければならないでしょう。私物化せず、死物化もせずに、知を公共の中に行き渡らせる媒体となることが、本叢書の目的です。

ars incognita　アルス インコグニタは、ラテン語ですが、「未知の技法」という意味です。慶應義塾の精神のひとつに「自我作古（我より古を作す）」、つまり、前人未踏の新しい分野に挑戦し、たとえ困難や試練が待ち受けていても、それに耐えて開拓に当たるという、勇気と使命感を表した言葉があります。未だ知られることのない知の用法、単なる知識の獲得ではなく、新たな生の技法（ars vivendi）としての知を作り出すという本叢書の精神が、慶應義塾の精神と相まって、表現されていると考えていただければ幸いです。

慶應義塾大学三田哲学会